K-IFRS 재무회계해답

윤순석·송인만·김효진

제11판

신영사

머리말

K-IFRS 재무회계가 벌써 제11판을 맞이하게 되었다. 꾸준한 사랑과 격려를 해주신 교수님들과 독자들이 없었더라면 이렇게 장수할 수 없었다고 생각한다. 감사하는 마음을 충분히 표현할 수 없을 정도지만 이 지면을 통해서 대신하고자 한다.

국제회계기준 가운데 가장 핵심적인 기준을 쉽고 명확하게 전달하고자 노력을 하였지만 아직도 내용이 다소 어렵다는 의견을 들어 왔다. 따라서 제11판에서는 이러한 의견을 반영하고자 특별히 노력을 경주하였다. 제11판에서는 제3장에 회계시스템을 새롭게 추가하고, 제10판까지 포함시켰던 희석증권과 주당이익, 회계변경과 오류수정을 제거하여 총 15장이던 종전의 체계를 14장으로 축소하였다. 특히 내용상 어려운 부분은 과감히 삭제하고 전체적으로 이해하기 쉽게 집필하고자 노력하였다. 그 결과 총페이지 수도 670페이지에서 560페이지 정도로 줄어들었으며 한 학기에 재무회계를 배우기에 적절한 분량과 내용을 갖도록 하였다.

본서에 부족한 점이 있거나 개선할 점을 알려주시면 언제든지 반영하여 보다 좋은 교재가 될 수 있도록 노력할 것임을 약속드린다.

본서의 개정판을 위해 항상 아껴 주신 도서출판 신영사의 임직원 여러분께 감사드린다. 아울러 항상 격려해 주시고 좋은 제안을 해주시는 동료 교수님들과 독자들께 다시 한 번 감사드린다.

2020년 2월

저자 일동

차 례

제 1 장 재무회계의 기초개념

익힘문제

1. 재무회계란 무엇인가?

재무회계(financial accounting)란 경제실체의 재무상태 및 영업활동의 성과를 보여주는 재무제표라고 하는 보고서에 초점을 맞추고 있는 회계의 한 영역이다. 재무회계의 목적은 외부정보이용자(external information users) 또는 이해관계자(stakeholders)가 회사와 관련하여 합리적인 의사결정(rational decision making)을 할 수 있도록 회계정보를 제공하는 데 있다. 외부정보이용자들은 다양하기 때문에 이들의 정보요구가 다양할 수 있다. 그런데 재무회계에서는 투자자(주식 및 회사채 투자자)와 채권자(금융기관, 종업원, 납품업체 등)를 대표적인 외부정보이용자로 간주하고 있다. 이들 대표적 외부정보이용자들은 자본시장을 통하여 회사와 관련된 의사결정을 하는 것이 일반적이기 때문에 재무회계의 목적을 자본시장을 돕는 데 있다(to serve the capital markets)고 보기도 한다.

2. 재무보고와 재무제표의 차이를 설명하라.

재무보고(financial reporting)는 한 경제실체의 경제적 자원(자산) 및 이에 관한 청구권(부채와 자본)과 이들을 변화시키는 경제활동에 관한 정보를 화폐로 측정하여 보고하는 수단이다. 재무제표(financial statements)는 재무보고의 중심적인 수단으로서 이를 통하여 기업에 관한 재무정보를 외부의 이해관계자에게 전달한다. 가장 일반적으로 이용되고 있는 재무제표는 재무상태표, 손익계산서, 현금흐름표와 자본변동표이다. 적절한 주석 및 주기사항과 부속명세서도 재무제표의 구성요소로 보는 것이 일반적이다.

3. 재무보고의 주된 수단은 무엇인가?

재무보고의 주된 수단은 재무제표이다. 현재 기본재무제표로 인정되고 있는 재무제표로서 재무상태표, 손익계산서, 현금흐름표와 자본변동표가 있다. 재무제표의 범주에는 적절한 주석 및 주기사항과 부속명세서를 포함하는 것으로 본다.

한편, 정보이용자가 의사결정을 하는 데 사용하는 정보의 범주에는 재무정보와 함께 비재무정보가 포함된다. 예컨대 주주에 대한 경영자 서신, 관계당국 등에 제출하는 사업계획서 및 세무보고서, 보도매체를 통한 회사에 관한 뉴스, 회사에 대한 홍보물 등을 통하여 이용자에게 전달되는 정보는 비재무정보라고 할 수 있다.

4. 회계의사결정은 무엇을 의미하고, 다른 경영의사결정과 어떤 관계를 갖는가?

회계의사결정이란 여러 이용가능한 회계처리방법 중에서 어떤 방법을 이용할 것인가에 관한 의사결정이다. 기업 내의 다른 경영의사결정(투자의사결정, 자금조달의사결정, 운영의사결정)과 회계에 관한 의사결정은 상호 밀접한 연관성을 가지며 서로 영향을 미치기도 하고 받기도 한다. 회계는 회사의 다른 경영의사결정에 의하여 영향을 받는 것이 일반적이지만 회사의 다른 경영의사결정에 영향을 미치기도 한다. 예를 들어 부채를 장부상에 기록하는 것을 회피하기 위하여 은행에서 자금을 차입하는 대신 운용리스를 통한 시설금융을 이용하는 것은 회계의사결정이 자금조달의사결정에 영향을 미치는 예이다. 회계의사결정이 투자의사결정에 영향을 미치는 예로서 피합병회사의 이월결손금을 승계할 수 있느냐의 여부에 따라 인수합병대상회사의 종류가 전혀 달라질 수 있다는 것과 연구개발비를 자산처리하느냐 비용처리하느냐에 따라 연구개발에 대한 투자수준에 영향을 미칠 수 있다는 것 등을 들 수 있다.

5. 일반목적재무제표란 무엇을 의미하는가?

일반목적재무제표는 간단하게 재무제표(financial statements)라고 부르며 이들은 기업의 재무상태 및 경영성과 등에 관하여 공정·명료·완전한 정보를 제시해야 하는 것으로 볼 수 있다. 이들은 기업을 둘러싼 이해관계자(stakeholders)가 다양하기 때문에 모두 동일한 정보요구를 할 수 없다. 그러나 일부 재무정보는 공통적인 관심사에 해당하기 때문에 이들을 일정한 회계기준과 양식에 따라 제공함으로써 그 유용성을 높일 수 있다고 보아 작성된 재무제표를 일반목적재무제표라고 한다. 재무상태표, 손익계산서, 현금흐름표 및 자본변동표가 제공하는 정보는 이와 같이 다양한 이해관계자의 정보욕구를 어느 정도 충족시킬 수 있기 때문에 일반목적재무제표라고 간주된다.

6. '일반적으로 인정된 회계원칙'이란 무엇을 의미하는가?

재무제표를 작성함에 있어서 발생할 수 있는 편의 · 부정확 · 불명확 등의 오류를 최소화하고 기업간 또는 기간별 비교가능성을 제고하기 위하여 일반적으로 보편타당하고 합리적이라고 인정되는 일련의 기준을 마련할 필요가 있다. 이와 같이 마련된 회계기준(accounting standards)을 일반적으로 인정된 회계원칙(GAAP, generally accepted accounting principles)이라고 한다.

'일반적으로 인정된'이라는 용어는 특정한 회계사항에 관하여 회계기준 제정권을 갖는 기관이 회계기준을 정하거나, 오랜 기간에 걸쳐 특정한 회계처리 관습이 실무계의 광범위한 지지를 받아 사용되어 온 결과 이제는 하나의 원칙으로 형성되어 있다는 것을 의미한다. 따라서 '일반적으로 인정된 회계원칙'이란 다수의(실질적으로) 권위 있는 지지(substantial authoritative support)를 갖는 회계기준이라고 정의된다.

7. 회계기준의 필요성에 대하여 설명하라.

회계기준이 없다면 각 회사마다 독특한 방법에 따라 정보를 보고하거나 심지어 아무것도 보고하지 않는 경우도 있을 것이다. 따라서 회계기준에 따라 회계처리를 하여 회계보고서를 외부이용자에게 전달함으로써 정보의 이해가능성과 비교가능성이 높아지며 또 목적적합성과 표현충실성이 높아진다. 회계기준은 '일반적으로 인정된 회계원칙'이라고 표현되기도 하는데, 이는 특정한 회계사항에 관하여 회계원칙제정권을 갖는 기관이 회계원칙을 정하거나, 오랜 기간에 걸쳐 특정한 회계처리관습이 실무계의 광범위한 지지를 받아 사용되어 온 결과 이제는 하나의 원칙으로 형성되어 있다는 것을 의미한다. 따라서 '일반적으로 인정된 회계원칙'이란 다수의(실질적으로) 권위 있는 지지(substantial authoritative support)를 갖는 원칙이라고 정의된다. 일반적으로 인정된 회계원칙의 필요성은 한 국가의 영역에만 국한되는 것은 아니며 오늘날과 같이 국제화된 사회에서는 회계기준의 국제적 정합성을 필요로 한다. 국제적으로 통일된 회계기준에 따라 회계정보가 마련될 경우 국가간 비교가능성이 제고되어 회계정보의 유용성이 더욱 높아진다.

8. 회계기준 제정의 접근방법에 대하여 설명하라.

회계기준 제정의 접근방법에는 크게 연역적 접근법과 귀납적 접근법이 있다.

연역적 접근법(deductive approach)은 기본적인 가정이나 명제를 기초로 하여 여러 대체적인 회계처리방법 중 기본가정이나 명제에 부합하는 회계기준을 제정하는 방법이다.

귀납적 접근법(inductive approach)은 실무에서 사용되고 있는 회계처리방법을 관찰하여 이들을 체계적으로 분석하고 분류하여, 실무계에서 일반적으로 받아들여지면서 합리적인 회계처리방법을 정리하여 회계기준을 제정하는 방법이다. 따라서 이 방법은 현행회계실무를 종합하는 방법이라고 할 수 있는데, 가장 큰 단점은 회계원칙들간의 논리적 일관성이 결여될 가능성이 높다는 점이고, 장점으로서는 실무에서 사용되고 있는 원칙을 정리한 것이므로 회계변경에 따른 경제적 영향을 최소화할 수 있다는 점이다.

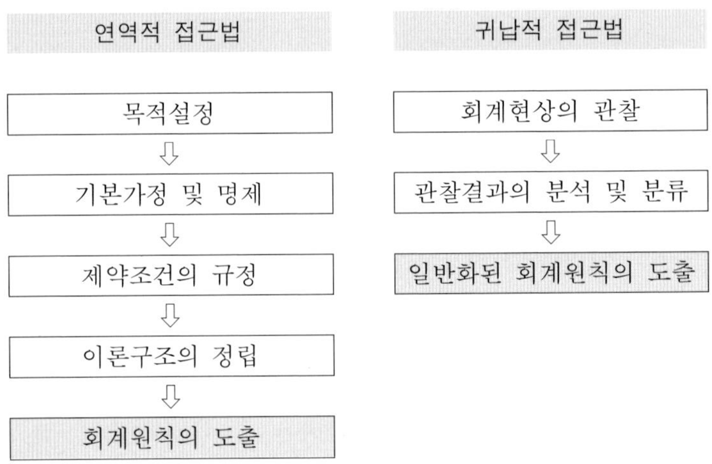

9. 회계기준은 공공부문 또는 민간부문에 의해 제정될 수 있다. 각 제정방법의 장단점을 비교하라.

회계기준을 제정할 수 있는 규제기관으로서 공공부문(public sector)과 민간부문(private sector)의 두 종류가 있는데, 나라에 따라서 채택하고 있는 입장이 다르다. 공공부문에서 회계기준을 제정할 경우 공정성의 유지와 강력한 회계규제가 가능하고 압력기관들의 압력을 줄일 수 있기 때문에 객관적인 회계기준이 제정될 수 있는 등의 장점이 있으며, 단점으로는 전문성의 결여, 관료제도의 폐해, 지나친 정부규제 등을 들 수 있다. 민간부문에서 회계기준을 제정할 경우 전문성이 뛰어난 회계직 종사자들이 회계기준을 제정하게 된다는 장점이 있다. 그러나 민간부문에 의하여 회계기준이 제정되는 경우에는 정부부문에 의한 강력한 지지가 있어야만 회계기준의 강제력이 유지된다는 문제점이 있다.

10. 회계정보를 수요하는 주요 집단들과 이들이 필요로 하는 정보를 간단히 설명하라.

재무제표에 보고되는 항목들은 재무정보에 대한 다양한 집단의 수요와 공급의 결과로 발생한 산물이다. 재무정보를 요구하는 집단은 주주·투자자, 경영자, 종업원, 자금 및 기타 자원의 공급자, 소비자, 정부규제기관 등을 들 수 있다. 이와 같은 집단들은 의사결정을 위하여, 경영자를 감시·감독하기 위해 또는 재무정보에 근거하여 작성된 각종 계약 및 협약 등에 활용하기 위해 정보를 필요로 한다.

주주·투자자들은 재무정보의 주된 이용자라고 할 수 있다. 이들은 개인투자자로부터 기관투자가에 이르기까지 다양한 집단으로 구성된다. 이들은 어느 주식을 살 것인가, 기존 주식을 계속 보유할 것인가 또는 처분할 것인가 등의 의사결정을 한다. 이들의 재무정보에 대한 수요는 주식에 대한 투자의사결정을 위하여 필요한 정보(투자목적)와 경영자에게 위탁한 자신들의 자원이 자신들의 이해관계에 합당하게 관리되고 있는가를 판단하기 위하여 필요한 정보(수탁기능목적)로 구분된다.

경영자는 여러 가지 재무변수들에 근거하여 경영계약이 작성된 경우가 일반적이므로 경영자는 재무정보에 관심을 갖는다. 예컨대 경영자보수계약을 재무성과와 연계하여 목표달성 정도에 따라 달라지게 할 수 있다. 또한 차입계약과 같은 각종 계약에 재무비율로 표시한 조건을 포함하는 경우가 있다. 이러한 경우에는 계약조건을 준수하기 위하여 재무정보를 항상 면밀히 관찰하고 때로는 이를 적극 관리한다.

채권자를 포함하여 회사에 대한 자금 및 기타 자원공급자는 그 회사의 재무상태 및 수익성 등을 검토하여 자기들이 제공한 대가를 적절히 지급받을 수 있는가를 판단한다. 따라서 재무정보는 이들의 의사결정에 중대한 영향을 미칠 수 있다. 예컨대 은행은 대출을 신청한 회사의 재무상태와 경영성과를 분석하여 대출여부, 이자율, 대출금액 등을 결정하고 대출기간중에 차입자가 지켜야 할 대출조건을 재무비율로 명시하기도 한다.

정부 및 규제기관들도 다양한 이유에서 회사의 재무정보를 요구하게 된다. 이들 기관에서는 법인세와 부가가치세 등의 세수확보, 관급공사업자의 선정, 계약금액의 산정, 전기 및 전화요금 등과 같은 공익사업의 요금결정, 정책금융과 정부보증 등의 지원·검토를 위하여 재무정보를 요구한다.

증권분석가는 재무정보의 중개기관으로서 정보를 수집하고, 분석하여 정보이용자가 보다 쉽게 이용할 수 있는 재무분석정보를 제공한다. 증권분석가들이 이용하는 정보 중에서 재무정보가 가장 중요하다.

재무정보를 요구하는 기타의 집단들은 다양한 형태를 취한다. 예를 들면 학자, 환경보호단체, 지역주민들도 때로는 재무정보를 필요로 한다.

11. 회계정보의 공시를 촉진시키는 시장요인으로서는 어떤 것이 있으며, 왜 이들이 정보의 공시에 영향을 미치는가?

재무정보 공시의 상당부분이 시장요인에 의해 촉진된다. 재무정보의 공시에 영향을 미치는 시장으로는 자본시장, 경영자시장 및 경영권지배시장의 세 가지가 있다.

① 자본시장 : 자본시장에서 자금을 조달하기를 원하는 회사들은 자금제공자들이 대출, 주식 및 사채에 관련된 합리적인 의사결정을 할 수 있도록 충분한 정보를 제공해야 한다. 상장회사가 발행한 주식 및 사채의 질에 대해서는 불확실성이 존재하게 마련이다. 재무정보를 적절히 공시하지 않으면 회사가 부실하다는 신호로 작용할 가능성이 있어서 증권시장으로부터 부당한 대우를 받게 될 수도 있다. 즉, 회사가 부실하다고 판단되면 은행차입금에 대해서는 높은 이자를 부담하거나 담보를 많이 제공해야 하고, 주식의 발행가격을 낮추어야 하고, 사채의 발행시 높은 이자를 부담해야 한다. 따라서 회사로서는 자본시장에서 주어진 여건하에서 가장 좋은 조건으로 자본을 조달하기 위하여 유용한 정보를 제공할 유인이 있다.

② 경영자시장 : 만약 경영자에 대한 규제가 전혀 없다면 경영자들은 주주나 채권자의 부를 심각하게 위협하는 의사결정을 하게 될 것이다. 예컨대 경영자는 주주에게 과도한 배당을 지급하고 채권자에게 불이익을 줄 수도 있고, 고수익-고위험 사업에 모든 자원을 투자하여 잘하면 큰 이익을 남겨서 주주의 부가 크게 증가하지만 그렇지 않으면 채권자에게 큰 손실을 입히는 의사결정을 할 수도 있으며, 경영자의 보수를 많이 올려 주주와 채권자의 부를 감소시키는 의사결정을 할 수 있을 것이다. 따라서 주주와 채권자들은 경영자의 위와 같은 행위를 규제할 수 있는 제도를 만들고자 하며, 경영자는 자기가 그와 같은 행동을 하지 않는다는 신호를 외부에 전달·공시함으로써 자신들의 효용을 높이고자 한다. 예컨대 경영자가 외부에 재무제표를 보고하고 이에 대하여 공인회계사로 하여금 감사하도록 하는 제도 등은 바로 경영자가 부당하게 외부주주나 채권자의 부를 감소시키는 행위를 하지 않겠다는 자발적인 신호행위(signalling) 또는 확증행위(bonding)라고 볼 수 있다. 특히 유능한 경영자일수록 자신의 능력과 성실성을 돋보이게 하여 타경영자들과 구분될 수 있는 제도를 만들기를 원할 것이다. 이는 경영자시장이 존재하기 때문에 가능하

며 자신들이 경영자시장에서 적당한 가격에 해당하는 보수를 받기를 원한다는 의미이다.

③ 경영권지배시장 : 외부인사 또는 조직이 경영권에 위협을 가할 정도의 주식을 취득하고자 하는 경우 현재 경영팀은 심한 반발을 하게 된다. 경영권 분쟁이 일어나는 경우 현재 경영팀이 사용하는 전략으로서 경영권의 지탱을 가능하게 할 수 있는 재무정보를 외부에 공개하는 것을 생각할 수 있다. 예컨대 단순한 재무보고뿐만 아니라 회사소유 자산의 공정가치, 성장전망, 부동산, 경쟁력, 영업성적 등 주가를 부추길 수 있는 정보를 자발적으로 공시하여 외부인사가 주식을 매입할 수 없도록 할 가능성이 있다.

12. 원칙중심 회계기준과 규칙중심 회계기준의 차이를 설명하라.

회계기준에는 원칙중심(principles-based)의 회계기준과 규칙중심(rules-based)의 회계기준이 있다. 원칙중심 회계기준은 회계기준에 기본원칙을 강조하고 그 구체적인 적용은 경영자 및 회계담당자의 판단에 의존하는 접근법을 따르고 있다. 즉, 경영자 및 회계담당자는 재무상태와 재무성과를 가장 충실하게 반영할 수 있는 회계방침을 선택하여 이를 매기 일관되게 적용하는 것을 권장하고 있다. 따라서 동일한 회계기준이 회사 또는 국가에 따라 약간 달리 적용될 수 있는 여지가 있으며, 이는 원칙중심 회계기준의 장점이자 단점으로 볼 수 있다. 규칙중심 회계기준은 회계기준에서 비교적 상세하게 구체적인 부분까지 규정함으로써 경영자 및 회계담당자에 의한 자의적 적용을 배제하자는 논리에 근거하고 있다. 따라서 규칙중심 회계기준은 모든 업종 및 모든 기업에 비교적 통일되게 적용되는 것을 목적으로 삼고 있다. 이런 점에서 국제회계기준은 원칙중심의 회계기준이고 대표적으로 미국회계기준은 규칙중심의 회계기준이라고 보고 있다.

13. 국제회계기준 제정절차에 대해 설명하라.

국제회계기준은 적법한 제정과정(due process)을 따르도록 되어 있다. 조사연구팀의 조사연구활동에 의하여 다루어야 할 의제(agenda)를 먼저 설정한다. 의제가 설정되면 연구를 통하여 토론서(discussion paper)를 만들어서 의견을 수렴하기도 하는데 이는 필요에 따라 이루어지는 선택적인 절차이다. 그 다음은 공개초안(exposure draft)을 마련하여 다양한 의견을 수렴하는 것이다. 토론서 또는 공개초안이 마련되어 의견을 수렴하는 기관으로는 국제회계기준위원회(IASB) 내의 조직인 기준자문위원회(SAC, Standards Advisory Council)와 필요에 따라 운영하는 실무작업반(working group)과 외부이해관계자집단(재무분석가, 감사인, 재무제표작성자, 특별이해관계자집단, 각국회계기준제정기구, 감독기관, 정치집단 등)이 있다. 이와 같은 의견수렴과정을 거쳐 최종적으로 IASB가 기준서를 의결하고 공표한다.

14. 공개초안(exposure draft)에 대해 설명하라.

공개초안은 국제회계기준위원회가 기준을 제정하기 전에 기본안을 마련하여 관련되는 기관의 의견을 수렴하기 위해 만든 문건을 말한다. 공개초안이 배포되어 의견을 수렴하는 기관으로는 국제회계기준위원회(IASB) 내의 조직인 기준자문위원회(SAC, Standards Advisory Council)와 필요에 따라 운영하는 실무작업반(working group)과 외부이해관계자집단(재무분석가, 감사인, 재무제표작성자, 특별이해관계자집단, 각국회계기준제정기구, 감독기관, 정치집단 등)이 있다. 이와 같은 의견수렴과정을 거쳐 최종적으로 IASB가 기준서를 의결하고 공표한다.

15. 국제회계기준의 주요 특징에 대해 설명하라.

국제회계기준은 4가지 주요 특징을 갖고 있다.

첫째, 국제회계기준은 원칙중심 회계기준이다. 원칙중심(principles-based) 회계기준은 개념체계에 근거한 일반원칙을 강조하는 접근법을 따른다. 따라서 국제회계기준은 회계처리에 대한 구체적인 실무적용지침을 제공하기보다는 전문가의 판단을 중시하는 접근법을 따르고 있다. 원칙중심 회계기준에서는 산업별 회계처리기준은 가능한 삼가고 해석서(interpretations)를 가능한 한 발표하지 않는 것을 원칙으로 한다. 이에 비해 미국회계기준은 규칙중심(rules-based) 회계기준이라고 할 수 있다.

둘째, 국제회계기준은 연결재무제표(consolidated financial statements) 중심의 회계기준이다. 따라서 모든 기준서는 연결실체가 재무제표를 작성하는 것을 전제로 제정되어 있다. 예컨대, 포괄손익계산서도 당기손익과 기타포괄손익 각각에 대해 지배회사 소유주(owners of the parent)의 몫과 비지배지분(non-controlling interests)의 몫으로 구분하여 공시할 것을 요구하고 있다.

셋째, 국제회계기준은 공시를 강화하고 있다. 개별 국가의 법률 및 제도에 따른 차이와 기업의 상황을 반영할 수 있도록 국제회계기준의 적용에 어느 정도 유연성을 주되 공시를 강화하여 정보이용자를 보호하고자 하는 취지이다. 그러나 유연성이 폭넓게 허용되는 것은 아니다. 오히려 재무제표에 국제회계기준을 그대로 준수하지 않은 경우 국제회계기준을 사용하고 있다고 인정하지 않고 있다. 즉, 원칙의 해석에는 어느 정도 유연성을 가지지만 원칙

자체를 이탈하면 국제회계기준을 사용한 것으로 인정하지 않고 있으며, 재무세표에 국제회계기준을 준수하고 있다는 사실을 명기하도록 하고 있다.

넷째, 국제회계기준은 공정가치(fair value) 회계를 확대 적용하고 있다. 예전의 회계기준은 역사적원가(historical cost)가 주요 원칙이었다면, 국제회계기준은 역사적원가와 함께 공정가치를 주요 원칙으로 부각시키고 있다. 이에 따라 금융상품의 경우 공정가치 회계가 원칙이며, 유형자산에 대해서는 원가와 공정가치 중에서 선택할 수 있도록 하고 있으며, 모든 자산(특히 영업권 및 비한정내용연수를 갖는 무형자산)에 대하여 자산손상 회계를 강조하고 있다.

III 연습문제

1-1 회계원칙

(1) 감사보고서에서 회계원칙이란 용어는 회계원칙뿐만 아니라 실무와 그 원칙을 적용하는 방법을 모두 포함하는 것이다. 이 단어가 회계원칙의 기초적이고 근본적인 성격을 강조하는 것이긴 하지만 이는 또한 실무상에 지침으로 채택되고 있는 일반원칙을 포함한다. 그러나 이 용어는 반드시 지켜야만 하는 규정을 의미하지는 않는다. 어떤 경우에는 부분적으로 적합한 여러 원칙 중에서 어느 것이 가장 타당한지 결정해야 할 때도 있다. 또한 회계원칙이란 용어는 회계이론이란 말과 반드시 동일하지 않다. 회계이론은 회계의 목적을 설정하고, 적합한 개념을 개발하고 발전시키며, 논리적 일관성을 유지하고, 비논리적 오류를 제거할 뿐만 아니라 회계실무를 평가하는 데 공헌할 수 있는 등의 넓은 영역을 포함하고 있다.

(2) 일반적으로 인정된 회계원칙이란 “다수의 권위 있는 지지를 받고 있는 것”이어야 한다. 주어진 원칙이 권위 있는 지지를 받고 있는지의 여부는 사실의 문제이며 정확한 판단이 어려운 것이다. 공인회계사는 회계처리가 일반적으로 인정된 회계원칙의 범주에 속할 수 있는 것인지를 판단하는 데 도움이 될 수 있는 증거와 권위 있는 지지를 수집할 책임이 있다. 국제회계기준(IAS, IFRS) 및 그 해석서(IRFIC) 등은 권위 있는 지지를 받는 것으로 볼 수 있다. 그 밖의 것으로는 회계법인의 국제회계기준 실무지침, 그리고 학계의 교과서 및 학술서적, 논문 등에서 권위 있는 지지를 뒷받침해주고 있다.

(3) 국제회계기준은 원칙중심(principles-based) 회계기준이다. 원칙중심이라는 의미는 회계기준에 원칙을 규정하되 그 구체적인 적용은 경영자(또는 회계담당자)의 판단에 의존한다는 의미이다. 따라서 국제회계기준의 적용에는 경영자 또는 회계담당자가 해당 기업의 재무상태와 경영성과를 가장 잘 표현할 수 있는 회계방침을 수립하여 이를 합리적이고 체계적으로 적용하는 것을 권고하고 있다. 따라서 국제회계기준에서는 경영자 또는 회계담당자의 판단을 적극 권고하고 있다고 볼 수 있다.

(4) 회계기준에는 원칙중심(principles-based)의 회계기준과 규칙중심(rules-based)의 회계기준이 있다. 원칙중심 회계기준은 회계기준에 기본원칙을 강조하고 그

구체적인 적용은 경영자 및 회계담당자의 판단에 의존하는 접근법을 따르고 있다. 즉, 경영자 및 회계담당자는 재무상태와 재무성과를 가장 충실하게 반영할 수 있는 회계방침을 선택하여 이를 매기 일관되게 적용하는 것을 권장하고 있다. 따라서 동일한 회계원칙이 회사 또는 국가에 따라 약간 달리 적용될 수 있는 여지가 있으며, 이는 원칙중심 회계기준의 장점이자 단점으로 볼 수 있다. 규칙중심 회계기준은 회계기준에서 비교적 상세하게 구체적인 부분까지 규정함으로써 경영자 및 회계담당자에 의한 자의적 적용을 배제하자는 논리에 근거하고 있다. 따라서 규칙중심 회계기준은 모든 업종 및 모든 기업에 비교적 통일되게 적용되는 것을 목적으로 삼고 있다. 이런 점에서 국제회계기준은 원칙중심의 회계기준이고 대표적으로 미국회계기준은 규칙중심의 회계기준이라고 보고 있다.

1-2 회계기준의 제정절차

(1) 회계기준이 적법한 절차를 거치지 않았을 경우에 회계기준의 설정이 잘못될 가능성이 있으며 회계기준의 생명이라고 할 수 있는 '다수의 지지'를 받을 수가 없어서 수용성이 약해진다. 적법한 절차를 밟지 않았을 경우 학계, 실무계 등의 의견이 무시될 수도 있으며 일부 이해관계자의 이해관계가 침해되거나 지나치게 강조될 수가 있다. 따라서 모든 회계기준의 설정시에는 적법한 절차를 거치는 것이 아주 중요한 의미를 갖는다.

(2) 국제회계기준은 적법한 제정과정(due process)을 따르도록 되어 있다. 조사연구팀의 조사연구활동에 의하여 다루어야 할 의제(agenda)를 먼저 설정한다. 의제가 설정되면 연구를 통하여 토론서(discussion paper)를 만들어서 의견을 수렴하기도 하는데 이는 필요에 따라 이루어지는 선택적인 절차이다. 그 다음은 공개초안(exposure draft)을 마련하여 다양한 의견을 수렴하는 것이다. 토론서 또는 공개초안이 마련되어 의견을 수렴하는 기관으로는 국제회계기준위원회(IASB) 내의 조직인 기준자문위원회(SAC, Standards Advisory Council)와 필요에 따라 운영하는 실무작업반(working group)과 외부이해관계자집단(재무분석가, 감사인, 재무제표작성자, 특별이해관계자집단, 각국회계기준제정기구, 감독기관, 정치집단 등)이 있다. 이와 같은 의견수렴과정을 거쳐 최종적으로 IASB가 기준서를 의결하고 공표한다.

(3) 회계기준의 설정에 관심을 갖고 있는 단체들로서는 회계기준 및 회계정보를 둘러싼 각종 이해관계자들이라고 할 수 있다. 좀더 구체적으로는 회계기준의

설정을 직접 담당하는 국제회계기준위원회(한국회계기준원/회계기준위원회와 같은 각국의 회계기준제정기구 포함), 금융감독기구는 물론 회계학계, 공인회계사회, 상장회사협의회, 상공회의소, 경제인연합회, 업종별산업연합회 등이 회계기준의 설정에 적극적인 관심을 갖게 된다.

제 2 장 재무보고 개념체계

익힘문제

1. 재무보고 개념체계의 본질에 대해 설명하라.

개념체계(conceptual framework)는 개별 회계원칙들의 뼈대 또는 근간을 제공하는 역할을 하므로 모든 법률의 근간역할을 하는 헌법과 같다. 개념체계는 "기업실체의 재무보고 목적을 명확히 하고, 이를 달성하는 데 유용한 재무회계의 기초개념을 제공하는 것을 목적으로 한다."

개념체계는 이용하는 집단(회계기준제정기구, 회계정보이용자, 재무제표 작성자, 외부감사인)과 관련하여 그 역할을 살펴볼 수 있다.

① 회계기준제정기구가 회계기준을 제정함에 있어서 준거하는 재무회계의 개념과 개념의 적용에 관한 일관성 있는 지침을 제공한다. 즉, 재무보고의 기본개념을 잘 체계화시킨 '회계원칙의 헌법'에 입각하여 회계기준을 제정 및 개정해야만 일관성 있고 유용한 기준이 되며, 회계기준의 설정이 이해당사자의 정치적 과정에 크게 영향을 받지 않도록 하는 지침을 제공한다.

② 회계정보이용자가 재무제표를 해석하는 데 도움이 되도록 재무제표 작성에 기초가 되는 기본개념을 제시한다. 그래서 회계정보이용자들의 재무회계에 대한 이해력과 자신감을 제고시킬 수 있다는 점이다. 즉, 개별 회계문제에 대한 회계기준은 복잡하고 난해한데, 개념체계를 확립함으로써 개별 회계기준을 모두 숙지하기 어려운 정보이용자들이 회계정보에 대한 '숲'을 보는 지식을 갖게 해주어 회계에 대한 이해력과 자신감을 증진시킬 수 있다.

③ 재무제표작성자가 회계기준을 해석·적용하여 재무제표를 작성·공시하거나, 특정한 거래나 사건에 대한 회계기준이 미비된 경우에 적용할 수 있는 일관된 지침을 제공한다. 새로이 나타나는 회계현상들에 대하여 회계기준을 신속히 제정할 시간적 여유가 없을 때에는 개념체계를 참조함으로써 해결

책을 모색할 수 있다는 점이다.

④ 외부감사인이 감사의견을 표명하기 위하여 회계기준 적용의 적정성을 판단하거나, 특정한 거래나 사건에 대한 회계기준이 미비된 경우 회계처리의 적정성을 판단함에 있어서 감사의견 형성의 기초가 되는 일관된 지침을 제공한다.

개념체계는 그 자체로서 회계기준이 아니기 때문에 개념체계에서는 구체적인 회계처리방법이나 공시에 관한 기준을 정하는 것을 목적으로 삼지 않는다. 만약 개념체계의 내용이 특정 회계기준과 상충되는 경우에는 회계기준이 개념체계에 우선한다.

2. 재무보고 개념체계는 어떤 요소들로 구성되어 있는가?

개념체계는 다음과 같이 총 8장으로 구성되어 있다.

제1장 일반목적재무보고의 목적
제2장 유용한 재무정보의 질적특성
제3장 재무제표와 보고기업
제4장 재무제표요소
제5장 인식과 제거
제6장 측정
제7장 표시와 공시
제8장 자본 및 자본유지 개념

3. 재무보고의 기본목적은 무엇인가?

재무보고는 현재 및 잠재적 재무제표이용자의 경제적 의사결정에 유용한 정보(useful information)를 제공해야 한다. 특히 투자자와 채권자 등의 의사결정은 사회 전체적인 자원배분에 영향을 미치므로 이들의 의사결정에 유용한 재무보고는 희소한 자원의 효율적 배분(efficient allocation of scarce economic resources)에 기여하게 된다. 재무정보이용자들이 경제적 의사결정을 하기 위해서는 유용한 정보를 가진 합리적인 판단에 근거해야 한다. 정보에 근거한 판단(informed judgement)을 전제로 했을 때 경제적 의사결정이 합리적이 될 수 있다.

4. 일반목적재무보고에 대해 간단하게 설명하라.

개념체계에서는 재무정보이용자를 투자자 및 대여자 등 자본제공자와 기타정보이용자(종업원, 고객, 정부와 유관기관, 일반대중 등)로 구분하고 있으며, 이들 재무정보이용자는 합리적 의사결정을 위하여 재무정보를 이용한다고 본다. 따라서 일반목적재무보고(general purpose financial reporting)의 목적은 현재 및 잠재적 투자자, 대여자 및 기타 채권자가 기업에 자원을 제공하는 것에 대한 의사결정을 할 때 유용한 재무정보를 제공하는 것으로 본다.

다양한 정보이용자의 정보수요가 재무제표를 통해 모두 충족될 수는 없다. 그러나 모든 정보이용자에게 공통적으로 필요한 정보수요가 존재한다. 따라서 재무정보는 최소한 모든 정보이용자가 공통적으로 이용한다고 판단되는 일반목적재무정보의 제공에 중심을 두어야 한다.

5. 경제적 자원과 청구권은 무엇을 의미하며, 어떤 재무보고서에 의해 이들을 보고할 수 있는가?

일반목적재무보고서는 보고기업의 재무상태(financial position)에 관한 정보와 재무상태의 변동(changes in financial position)에 관한 정보를 제공한다. 재무상태란 기업의 경제적 자원(economic resources)과 경제적 자원에 대한 청구권(claims)을 의미한다. 이에 대한 정보를 제공하기 위해서 재무상태표를 작성하여 보고한다. 즉 재무상태표는 경제적 자원(자산)과 경제적 자원에 대한 청구권인 채권자청구권(부채)과 소유주청구권(자본)에 대한 정보를 제공한다.

6. 경제적 자원과 청구권의 변동은 무엇을 의미하며, 어떤 재무보고서에 의해 이들을 보고할 수 있는가?

경제적 자원 및 청구권의 변동(changes in economic resources and claims)은 재무상태의 변동을 의미한다. 재무상태표의 변동은 재무성과표(손익계산서), 자본변동표, 현금흐름표에 의해 설명할 수 있다. 특히 재무성과표는 재무성과에 영향을 미치는 손익거래에 의한 재무상태의 변동을 설명하고, 자본변동표는 재무성과에 영향을 미치는 손익거래와 함께 재무성과에 기인하지 않은 자본거래(소유주와의 거래)가 재무상태에 미치는 변동을 설명한다. 자본변동표는 일정기간 동안에 발생한 기업실체와 소유주(주주) 간의 거래인 자본거래 내용을 이해하고, 소유주에게 귀속될 이익 및 배당가능이익을 파악하는 데 유용하다. 그런가 하면 현금흐름표는 기업의 모든 활동(영업활동, 투자활동 및 재무활동)이 재무상태에 미치는 변동을 설명하는 능력이 있다. 현금흐름에 대한 정보는 정보이용자가 보고기업의 영업을 이해하고, 재무활동과 투자활동을 평가하며, 유동성이나 지급능력을 평가하고, 재무성과에 대한 기타 정보를 해석하는 데 도움이 된다.

7. 발생기준 회계가 반영된 재무성과가 왜 중요한가?

재무성과에 대한 정보는 보고기업의 경제적 자원을 이용해서 기업이 창출한 수익을 이해하는 데 유용한 정보를 제공한다. 기업이 창출한 수익에 대한 정보는 경영진이 보고기업의 자원을 효율적이고 효과적으로 사용해야 하는 책임을 얼마나 잘 이행했는지를 보여준다. 특히 미래현금흐름의 불확실성을 평가하는 데 있어서는 수익의 변동성 및 구성요소에 대한 정보가 중요하다.

발생기준 회계(accrual basis accounting)는 거래, 사건 및 상황이 보고기업의 경제적 자원과 청구권에 미치는 영향을, 비록 그 결과로 발생하는 현금의 수취와 지급이 다른 기간에 이루어지더라도, 발생한 기간에 보여준다. 현금기준 성과측정치에 비해 발생기준에 근거한 회계이익과 그 구성요소에 대한 정보는 기업실체의 과거 및 미래 성과를 평가하는 데 더 유용한 근거를 제공하기 때문이다.

8. 재무보고에는 어떤 한계점이 있는지 간략하게 설명하라.

일반목적재무보고서는 현재 및 잠재적 투자자, 대여자 및 기타 채권자가 필요로 하는 모든 정보를 제공하지 않으며 또 제공할 수도 없다. 즉 재무정보는 기업에 관한 유일한 정보원천은 아니다. 정보이용자들은 일반경제적 상황 및 예측, 정치적 사건과 상황, 산업 및 기업 전망과 같은 다른 정보원천을 통해서 정보를 입수할 수도 있다.

일반목적재무보고서는 기업의 가치를 직접 평가하기 위해 고안된 것이 아니다. 재무보고는 정보이용자가 기업의 가치를 추정하는 데 도움이 되는 정보를 제공한다.

주요 정보이용자들의 정보 수요 및 욕구가 다양하고 상충되기도 한다. 따라서 재무정보는 최대 다수의 공통정보수요를 충족시키는 역할을 담당한다. 보고기업의 경영진도 해당 기업에 대한 재무정보에 관심이 있다. 그러나 경영진은 그들이 필요로 하는 재무정보를 내부에서 구할 수 있기 때문에 일반목적재무보고서에 의존할 필요가 없다. 기타 정보이용자(예컨대, 감독당국, 일반대중 등)에게도 일반목적재무보고서가 유용할 수 있다. 그러나 일반목적재무보고서는 이러한 기타 정보이용자를 주요 대상으로 한 것은 아니다.

일반목적재무보고가 갖는 또 다른 한계점은 재무정보가 상당부분 추정, 판단 및 모형에 근거한 정보를 제공한다는 점이다. 이러한 한계점을 갖는 정보이지만 추정, 판단 또는 사용된 모형에 대한 정보를 충분히 제공함으로써 합리적 의사결정에 유용하게 사용할 수 있으면 정보의 역할을 담당할 수 있다고 본다.

9. 회계정보가 유용하기 위한 근본적 질적특성과 그 구성요소들에 대해 설명하라.

회계정보가 유용하기 위해서는 목적적합성과 표현충실성이라는 두 가지 주요 특성을 가져야 한다.

목적적합성(relevance)은 관련성이라고 부르기도 하는데 의사결정시점에서 과거 및 현재 사건의 평가 또는 미래사건의 예측에 도움을 주거나, 과거의 평가를 확인 또는 수정함으로써 이용자의 의사결정에 영향을 미치는 질적특성을 말한다. 다른 말로 표현하면 목적적합성은 의사결정을 함에 있어서 이와 같은 정보가 없는 경우와 비교하여 보다 유리한 차이를 낼 수 있다는(capable of making a favorable difference) 것을 의미한다.

목적적합한 정보는 예측가치와 확인가치를 가져야 한다. 예측가치(predictive value)란 정보이용자가 기업실체의 미래 재무상태, 경영성과 및 현금흐름 등을 예측하는 데 있어서 그 정보가 활용될 수 있는 능력을 의미한다. 확인가치(feedback value)란 제공되는 회계정보가 기업실체의 재무상태, 경영성과 및 현금흐름 등에 대한 정보이용자의 당초 기대치(예측치)를 확인 또는 수정되게 함으로써 의사결정에 영향을 미칠 수 있는 능력을 의미한다. 이러한 정보의 예측가치와 확인가치는 상호관련이 있다.

정보가 예측가치를 지니기 위하여 반드시 미래에 대한 예측정보 그 자체일 필요는 없으며 과거 거래나 사건도 그 표시방법에 따라 정보의 예측능력이 향상될 수 있다. 예컨대 손익계산서에서 비경상적이고 비반복적인 항목을 구분 표시할 경우 손익계산서의 예측가치가 향상된다. 또한 정보의 목적적합성과 의사결정의 구체적인 형태인 행동과는 별개의 문제이다. 예컨대 어느 회사의 주주가 그 주식을 계속 보유할 것이냐 팔 것이냐를 결정하는 것이 의사결정이며, 주식의 보유를 지지하는 정보도 매각을 지지하는 정보와 마찬가지로 목적적합한 것이 될 수 있다. 새로운 정보가 이미 결정한 의사결정의 결과에 대한 불확실성을 감소시키거나 그 결정을 수정하게 하면 목적적합한 것이며, 반드시 선택을 수정해야만 하는 것은 아니다.

표현충실성이란 회계정보란 그 정보가 표현하려고 하는 경제적 상태 또는 사상(event)을 충실하게 나타내는 것을 의미한다.

정보가 표현충실성을 갖기 위해서는 세 가지 특성이 충족되어야 한다. 정보가 충실하게 표현되기 위해서는 완전하고, 중립적이며, 오류가 없어야 한다.

완전성(completeness)이란 정보이용자가 회계정보를 이용하여 의사결정에 필요한 판단을 하는 데 도움이 되는 모든 정보를 제공해야 한다는 것을 의미한다. 예컨대, 자산에 대한 서술이 완전성을 갖기 위해서는 자산의 특성(질 및 성격 포함), 수량(수량결정에 사용된 절차 포함), 내용(원가, 상각후원가, 공정가치 등 포함)에 대한 서술이 포함되어야 한다.

중립성(neutrality)이란 재무정보의 선택이나 표시에 편의(bias)가 없어야 한다는 것을 의미한다. 즉, 중립성은 미리 의도된 결과나 성과를 유도할 목적으로 재무제표상에 특정 정보를 표시함으로써 정보이용자의 의사결정이나 판단에 영향을 미쳐서는 안 된다는 것을 의미한다. 회계정보를 이용함으로써 발생하는 경제적 효과가 특정 이용자에게 편향되면 중립성이 훼손된다. 중립성은 정보이용자가 재무정보를 유리하게 또는 불리하게 전달하기 위해 편파적이 되거나, 편중되거나, 강조되거나, 경시되거나 기타 방식으로 조작해서는 안 된다는 것을 의미한다. 중립적 정보라고 해서 행동에 영향을 미치지 않는 정보라는 것은 아니다. 오히려 목적적합한 정보가 중립적으로 제시되었을 때 정보이용자의 의사결정에 제대로 차이가 나게 할 수 있는 능력을 지닌다고 본다.

무오류(free from error)란 경제적 현상의 서술에 오류(errors)나 누락(omissions)이 없고, 정보를 생산하는 데 사용된 절차의 선택과 적용에 절차상 오류가 없다는 것을 의미한다. 따라서 오류가 없다는 것은 모든 면에서 완벽하게 정확하다는 것을 의미하지 않는다. 예컨대, 관측불가능한 가치에 대한 추정치는 정확성 여부를 판가름할 수 없다. 그러나 추정치로서 금액을 명확하고 정확하게 서술하고, 추정절차의 성격과 한계를 설명하며, 추정절차의 선택과 적용에 오류가 없다면 충실한 표현이라고 할 수 있다.

10. 근본적 질적특성을 보강해주는 질적특성들로는 어떤 것들이 있는가?

보강적 질적특성은 그 자체로서 유용성을 갖는 것은 아니지만 근본적 질적특성(목적적합성, 표현충실성)을 가진 정보의 유용성을 더욱 보강시켜주는 역할을 한다. 보강적 질적특성으로는 비교가능성, 검증가능성, 적시성 및 이해가능성이 있다.

비교가능성(comparability)은 정보이용자가 항목간의 유사점과 차이점을 식별하고 이해할 수 있게 하는 질적특성이다. 목적적합하고 충실하게 표현된 회계정보가 비교가능성이 높을 때 유용성이 더욱 보강된다. 즉, 유사한 거래나 사건의 재무적 영향을 측정·보고함에 있어 기간별 일관성이 있어야 하며, 기업간에도 비교가능성이 높은 것이 바람직하다.

검증가능성(verifiability)은 합리적인 판단력이 있고 독립적인 서로 다른 관찰자가 어떤 서술이 충실한 표현이라는 데 의견이 일치할 수 있다는 것을 의미한다. 검증가능성은 경제적 현상이 충실히 표현되는지를 정보이용자가 확인하는 데 도움을 준다. 검증은 직접적 또는 간접적으로 이루어질 수 있다. 직접검증은 직접적인 관찰을 통하여 금액이나 표현을 검증하는 것을 말한다. 간접검증은 모형, 공식 또는 기법에 투입요소를 확인하고 같은 방법을 사용하여 그 결과를 재계산하는 것을 의미한다.

적시성(timeliness)은 의사결정에 영향을 미칠 수 있도록 의사결정자가 정보를 적시에 이용가능하게 하는 것을 의미한다. 일반적으로 정보는 오래된 것일수록 유용성이 낮아진다. 그러나 일부정보는 오랫동안 적시성을 유지할 수도 있는데 그 이유는, 예컨대 일부정보이용자가 추세를 식별하고 평가하는 데 과거 정보를 사용할 수도 있기 때문이다.

이해가능성(understandability)은 정보가 명확하고 간결하게 제공되어서 정보이용자가 이를 이해할 수 있어야 한다는 것을 의미한다. 일부 현상은 본래 복잡하여 이해하기 어려울 수 있다. 그렇다고 해서 그 현상에 대한 정보를 재무보고서에서 제외하면 얼핏 보기에는 쉬워 보일지 모르지만 그 보고서는 완전성이 결여되어 정보이용자를 오도할 가능성이 있다. 이해가능성은 두 가지 측면을 갖는데, 하나는 이해가능한 형태로 제공되어야 한다는 것이며, 또 하나는 정보이용자가 재무정보를 이해할 수 있는 능력을 갖고 노력을 경주해야 한다는 것이다. 때로는 박식하고 부지런한 정보이용자도 복잡한 경제적 현상에 대한 정보를 이해하기 위해 전문가의 도움을 받는 것이 필요할 수 있다.

11. 비교가능성과 일관성은 어떤 관계에 있는가?

일관성은 비교가능성과 관련은 되어 있지만 동일한 것은 아니다. 일관성(consistency)은 동일한 항목에 대해 동일한 방법을 적용하는 것을 말한다. 한 회사가 여러 기간에 걸쳐 또는 같은 기간 동안에 다른 기업들이 동일한 항목에 대해 동일한 방법을 적용할 때 일관성이 높아진다. 비교가능성이 목표라면 일관성은 비교가능성이라는 목표를 달성하게 해주는 수단이라고 볼 수 있다.

12. 보고기업, 법적 실체, 경제적 실체의 의미와 이들간의 관련성에 대해 설명하라.

보고기업(reporting entity)은 재무제표를 작성해야 하거나 작성하기로 선택한 기업이다. 보고기업은 단일의 실체이거나 어떤 실체의 일부일 수 있으며, 둘 이상의 실체로 구성될 수도 있다. 보고기업이 반드시 법적 실체(legal entity)일 필요는 없다.

지배기업이 종속기업을 거느리는 경우가 있다. 보고기업이 지배기업과 종속기업으로 구성된다면, 그 보고기업의 재무제표를 연결재무제표라고 부른다. 이때 연결재무제표에 포함된 법적 실체가 여러 개가 존재하더라도 경제적으로 하나의 실체가 있는 것으로 취급하여 하나의 연결재무제표를 작성하기 때문에 다수의 법적 실체가 하나의 경제적 실체로 취급되는 것이다. 따라서 보고실체는 종속기업이 없는 경우 하나의 법적 실체로만 구성될 수도 있으며, 종속기업이 있는 경우에는 복수의 법적 실체가 하나의 경제적 실체로 취급된다.

13. 회계에 있어서 계속기업 가정의 의미와 중요성을 설명하라.

재무보고의 기초가 되는 기본가정(underlying assumptions)으로는 계속기업의 가정이 있다. 계속기업(going concern)의 가정이란 기업실체는 목적과 의무를 이행하기에 충분할 정도로 장기간 존속한다고 가정하는 것이다. 즉, 기업실체는 그 경영활동을 청산하거나 중대하게 축소시킬 의도가 없을 뿐민 아니라 청산이 요구되는 상황도 없다고 가정한다. 발생주의 회계의 주요 회계원칙들은 계속기업의 가정에 근거하고 있다는 점에서 계속기업 가정은 회계에서 중요한 의미를 갖는다.

14. 회계정보의 제약요인이란 무엇을 말하는가?

회계정보가 유용하기 위해서는 효익과 원가 간의 균형 또는 원가제약요인을을 고려해야 한다. 모든 경제재(economic goods)는 그것으로부터 기대되는 효익이 그것을 제공하기 위하여 소요되는 비용을 초과해야만 가치가 있다. 따라서 효익이 비용을 초과해야 한다는 것은 모든 경제재에 해당하는 포괄적 제약요인(pervasive constraints)이다. 회계정보도 경제재이다. 효익과 원가 간의 균형(balance between benefits and costs)이란 재무정보로부터 기대되는 효익은 정보를 제공하기 위하여 소요되는 비용을 초과해야 함을 말한다. 효익과 비용의 평가는 주관적 판단이 요구되며, 정보의 효익을 향유하는 이용자가 반드시 그 비용을 부담하는 것은 아니므로 효익과 원가의 비교분석에 있어 획일적인 방법을 적용하기는 어렵다. 그럼에도 불구하고 재무제표의 작성자, 이용자 및 회계기준제정기구는 정보의 효익과 원가 간의 균형을 항상 고려해야 한다.

15. 자산을 정의하고, 자산의 정의에서 중요한 세 가지 특성에 대해 설명하라.

자산(assets)은 과거 사건의 결과로 기업이 통제하는 현재의 경제적 자원이다. 경제적 자원(economic resource)은 경제적 효익을 창출할 잠재력을 지닌 권리이다. 자산의 정의에는 ① 권리, ② 경제적 효익을 창출할 잠재력과 ③ 통제라는 세 가지 특성을 갖는다.

경제적 효익을 창출할 잠재력을 지닌 권리(right)는 재화나 용역을 제공받을 권리를 포함하여 다양한 형태의 권리가 있다. 권리는 대체로 계약, 법률 또는 유사한 수단에 의해 확보된다. 예를 들면, 기업은 특정 물리적 대상을 보유하거나 리스함으로써 권리를 획득할 수 있고, 채무상품이나 지분상품을 소유하거나 등록된 특허권을 소유함으로써 권리를 획득할 수 있다. 또한, 노하우의 획득이나 창작, 상대방의 의제의무(실무관행, 공개된 경영방침 등)에 따라 권리를 확보할 수도 있다. 권리가 기업의 자산이 되기 위해서는, 누구에게나 이용가능한 경제적 효익을 초과하는 경제적 효익을 기업에 창출할 잠재력이 있고, 그 기업에 의해 통제되어야 한다.

경제적 자원은 경제적 효익을 창출할 잠재력(potential to produce economic benefits)을 지닌 권리이다. 경제적 자원은 기업에게 계약상 현금흐름 또는 다른 경제적 자원의 수취와 같은 다양한 자격이나 권한을 부여하여 경제적 효익을 창출할 수 있다.

기업은 경제적 자원의 사용을 지시하고 그로부터 유입될 수 있는 경제적 효익을 얻을 수 있는 현재의 능력이 있다면, 그 경제적 자원을 통제(control)한다. 통제에는 다른 당사자가 ① 경제적 자원의 사용을 지시하고 ② 이로부터 유입될 수 있는 경제적 효익을 얻지 못하게 하는 현재의 능력이 포함된다. 따라서 통제는 배타적 권리를 의미한다.

16. 부채를 정의하고, 부채의 정의에서 중요한 세 가지 특성에 대해 설명하라.

부채(liabilities)는 과거 사건의 결과로 기업이 경제적 자원을 이전해야 하는 현재의무이다. 부채의 정의는 ① 기업의 의무, ② 경제적 자원을 이전하는 의무, ③ 과거 사건의 결과로 존재하는 현재의무라는 세 가지 특성을 갖는다.

의무(obligation)란 기업이 회피할 수 있는 실제 능력이 없는 책무나 책임을 말한다. 의무는 항상 다른 당사자에게 이행해야 한다. 의무는 대부분 계약, 법률 또는 이와 유사한 수단에 의해 성립되며, 권리권자가 채무자에게 법적으로 집행할 수 있도록 한다. 그러나 기업이 실무관행이나 공개한 경영방침 등에서 의무가 발생할 수도 있다. 그러한 상황에서 발생하는 의무를 의제의무(constructive obligation)라고 부른다. 의무에는 기업이 다른 당사자에게 경제적 자원의 이전(transfer of economic resource)을 요구받게 될 가능성이 있어야 한다.

의무는 과거 사건으로 생긴 현재의무(present obligation)이어야 한다. 현재의무는 ① 기업이 이미 경제적 효익을 얻었거나 조치를 취했고, ② 그 결과로 이전하지 않아도 될 경제적 자원을 이전해야만 하는 조건을 모두 충족해야만 과거 사건의 결과로 존재한다.

17. 자본은 어떻게 정의되는가?

자본(equity)은 기업의 자산에서 모든 부채를 차감한 후의 잔여지분으로 정의된다. 따라서 자본청구권은 기업의 자산에서 부채를 차감한 후의 잔여지분(residual interest)에 대한 청구권이다.

18. 수익과 비용을 정의하라.

수익(income)은 자산의 증가 또는 부채의 감소로서 자본의 증가를 가져오는 것이며, 소유주에 의한 출자에 따른 자본의 증가를 제외한다. 비용(expenses)은 자산의 감소 또는 부채의 증가로서 자본의 감소를 가져오는 것이며, 소유주에 대한 분배에 따른 자본의 감소를 제외한다. 즉 소유주에 의한 출자와 소유주에 대한 분배는 자본거래(capital transactions)로서 수익과 비용에 영향을 미치지 아니한다.

19. 자본거래란 무엇이며, 자본거래가 손익에 미치는 영향이 있는지 여부에 대해 설명하라.

자본거래란 회사의 소유주와의 거래를 의미하는데 여기에는 소유주의 투자와 소유주에 대한 분배가 있다.

소유주의 투자(investments by owners)는 기업실체에 대한 소유주로서의 권리를 취득 또는 증가시키기 위해 기업실체에 경제적 가치가 있는 유무형의 자원을 이전하는 것을 의미하며, 이에 따라 자본이 증가한다. 소유주의 투자는 일반적으로 기업실체에 자산을 납입함으로써 이행되나 용역의 제공 또는 부채의 전환과 같은 형태로도 이루어질 수 있다. 즉, 소유주의 투자는 유상증자, 현물출자 또는 출자전환 등의 형태를 취한다. 기업실체는 소유주의 투자를 통해 영업활동에 필요한 자원을 제공받고, 소유주는 기업실체의 자산에 대한 청구권을 취득하게 된다. 따라서 기업실체의 순자산 증가를 가져오지 않는 소유주 상호간의 지분거래는 소유주의 투자에 포함되지 않는다.

소유주에 대한 분배(distributions to owners)는 기업실체가 소유주에게 자산을 이전하거나 용역을 제공하거나 또는 부채를 부담하는 형태로 이루어진다. 현금배당, 자기주식의 취득, 감자 등이 이에 속한다. 소유주에 대한 분배가 있으면 기업실체의 순자산이 감소한다.

자본거래는 손익에 영향을 미치지 않기 때문에 재무성과표(손익계산서)에 포함해서는 안 된다. 따라서 소유주에 의한 투자로 자산과 자본이 증가하더라도 이는 수익에 포함해서는 안 된다. 마찬가지로 소유주에 대한 배분으로 자산과 이익잉여금 등의 자본이 감소하더라도 이를 비용으로 보아서는 안 된다.

20. 인식의 의미와 인식에 따른 재무제표의 연계관계에 대해 설명하라.

인식(recognition)은 정의를 충족하는 재무제표 각 요소를 포착하여 재무상태표나 재무성과표에 포함하는 과정이다. 특정 항목을 인식하게 되면, 재무제표에 그 항목의 명칭과 화폐금액이 나타나게 된다. 재무상태표에 인식되는 금액을 장부금액(carrying amount)이라고 한다.

인식을 하면 재무제표요소, 재무상태표 및 재무성과표가 다음과 같이 연계관계를 형성하게 된다.

보고기간 기초의 재무상태표
자산－부채＝자본

＋

재무성과표
수익－비용

＋

소유주에 의한 출자
－소유주에 대한 분배

(재무성과표 + 소유주에 의한 출자－소유주에 대한 분배: 자본의 변동)

＝

보고기간 기말의 재무상태표
자산－부채＝자본

21. 인식요건에 대해 약술하라.

재무제표요소의 정의를 충족하는 항목만이 재무상태표와 재무성과표에 인식된다. 그러나 정의를 충족하는 항목이라고 할지라도 항상 인식되는 것은 아니다. 왜냐하면 어떤 상황에서는 이러한 항목을 인식하는 것이 오히려 유용한 정보를 제공하지 않을 수 있다. 따라서 정의를 충족하는 항목이 자산이나 부채 그리고 이에 따른 결과로 발생하는 수익, 비용 또는 자본변동에 대한 목적적합성과 표현충실성을 모두 충족시키는 경우에만 인식해야 한다. 또한 재무제표이용자들에게 제공되는 정보의 효익이 그 정보를 제공하고 사용하는 원가를 정당화할 수 있을 경우에 자산이나 부채를 인식한다.

22. 제거란 무엇을 의미하는가?

제거(derecognition)란 재무상태표에서 인식된 자산이나 부채의 전부 또는 일부를 삭제하는 것이다. 제거는 일반적으로 인식했던 항목이 더 이상 자산 또는 부채의 정의를 충족하지 못할 때 발생한다. 일반적으로 자산은 이의 전부 또는 일부에 대한 통제를 상실하였을 때, 그리고 부채는 이의 전부 또는 일부에 대한 현재의무를 더 이상 부담하지 않을 때 제거한다.

23. 측정기준의 종류와 내용에 대해 설명하라.

재무제표요소를 인식하여 재무제표에 화폐금액으로 나타내기 위해서는 측정기준을 선택해야 한다. 측정기준(measurement bases) 또는 측정속성(measurement attributes)은 측성대상 항목에 대해 식별된 속성(화폐로 측성된 가치)을 의미한다. 측정기준에는 역사적원가와 현행가치가 있으며, 현행가치는 다시 공정가치, 사용가치 또는 이행가치 및 현행원가로 세분된다. 한편, 현재가치는 별도의 측정기준으로 보지 않고 사용가치를 측정하는 기법으로 본다.

역사적원가(historical cost)는 취득원가(acquisition cost)라고도 하는데, 자산, 부채 및 관련 수익과 비용을 발생시키는 거래나 사건의 가격에서 도출된 정보를 이용하여 측정한 재무제표요소의 화폐금액이다.

현행가치(current value)는 측정일의 조건을 반영하기 위해 업데이트된 정보를 이용하여 측정한 자산, 부채 및 관련 수익과 비용의 측정치이다. 따라서 자산과 부채의 현행가치는 이전 측정일 이후의 현행가치의 변동을 반영하여 조정된 측정치이다. 현행가치 측정기준에는 ① 공정가치, ② 자산의 사용가치 및 부채의 이행가치, ③ 현행원가가 있다.

공정가치(fair value)는 측정일에 시장참여자 사이의 정상거래에서 자산을 매도할 때 받거나 부채를 이전할 때 지급하게 될 가격이다.

사용가치(value in use)는 기업이 자산의 사용과 궁극적인 처분으로 얻을 것으로 기대하는 현금흐름 또는 기타 경제적 효익의 현재가치이다. 이행가치(fulfillment value)는 기업이 부채를 이행할 때 이전해야 하는 현금이나 기타 경제적 자원의 현재가치이다.

현행원가(current cost)는 측정일에 동등한 자산을 취득한다면 지급할 대가에 거래원가를 가산하여 결정한다. 부채 현행원가는 측정일에 동등한 부채가 발생할 때 수취할 수 있는 대가에서 거래원가를 차감하여 결정한다.

24. 측정기준의 선택에 고려해야 할 주된 요인들에 대해 약술하라.

측정기준을 선택할 때 측정기준이 재무상태표와 재무성과표에서 제공할 정보의 성격을 고려해야 한다. 측정기준에 의해 제공되는 재무정보는 재무제표이용자들에게 유용해야 한다. 따라서 선택된 측정기준은 근본적 질적특성인 목적적합성과 표현충실성을 충족해야 한다. 또한, 재무정보는 가능한 한 비교가능하고 검증가능하며 적시성이 있고 이해가능해야 한다.

25. 보강적 질적특성과 원가제약요인이 측정기준의 선택에 어떻게 영향을 미치는가?

보강적 질적특성(비교가능성, 검증가능성, 이해가능성)도 측정기준의 선택에 영향을 미친다. 단, 적시성은 측정에 특별한 영향을 미치지 않는다. 정보원가도 측정기준의 선택에 영향을 미친다. 따라서 측정기준을 선택할 때 그 측정기준에 의해 재무제표이용자들에게 제공되는 정보의 효익이 그 정보를 제공하고 사용하는 데 발생한 원가를 초과하는지를 고려해야 한다.

26. 회계단위의 의미와 사용에 대해 약술하라.

회계단위(unit of account)는 인식기준과 측정개념이 적용되는 권리(또는 권리의 집합), 의무(또는 의무의 집합) 또는 권리와 의무의 집합이다. 예를 들면, 유형자산을 토지, 구축물, 건물, 기계장치 등으로 구분하여 회계단위를 적용하는 것은 각각 하위집합의 소비행태 또는 내용연수가 다른 하위집합의 그것들과 다르기 때문이다.

27. 미이행계약에 대해 약술하라.

미이행계약(executory contracts)은 계약당사자 모두가 자신의 의무를 전혀 수행하지 않은 계약을 의미한다. 또한 계약당사자 모두가 동일한 정도로 자신의 의무를 부분적으로 수행한 계약도 미이행계약에 속하며, 계약의 일부에도 적용되는 개념이다. 미이행계약은 경제적 자원을 교환할 권리와 의무가 결합되어 성립된다. 그러한 권리와 의무는 상호의존적이어서 분리될 수 없다. 따라서 이러한 권리와 의무가 단일 자산 또는 단일 부채를 구성한다. 교환조건이 유리하면 자산, 불리하면 부채가 된다.

한 당사자가 계약상 의무를 이행하면 그 계약은 더 이상 미이행계약이 아니다. 보고기업이 계약을 먼저 수행한다면 경제적 자원을 교환할 권리와 의무를 경제적 자원을 수취할 권리로 변경하는 사건이 되고, 그 권리는 자산이 된다. 상대 당사자가 먼저 수행하는 경우에는 경제적 자원을 교환할 권리와 의무를 경제적 자원을 이전할 의무로 변경하는 사건이 되고, 그 의무는 부채가 된다.

28. 현금흐름기준측정기법의 의미와 역할에 대해 약술하라.

측정치를 직접 관측할 수 없으면 현금흐름기준측정기법을 사용하여 측정기준(공정가치, 사용가치, 이행가치 등)을 추정한다. 현금흐름기준측정기법은 측정기준이 아니다. 이것은 측정기준을 적용하는 데 사용되는 기법이다. 따라서 이러한 기법을 사용할 때 어떤 측정기준이 사용되는지 그리고 그 기법이 그 측정기준에 적용가능한 요인을 어느 정도 반영하는지 확인하는 것이 필요하다. 예를 들면, 측정기준이 공정가치인 경우에 적용가능한 요인으로서 ① 미래현금흐름 추정치, ② 관련 지산이나 부채에 대한 미래현금흐름의 추정 금액, 시기, 불확실성으로 인한 변동가능성, ③ 화폐의 시간가치, ④ 현금흐름에 내재된 불확실성에 대한 대가인 위험할증 또는 위험할인, ⑤ 기타요소 등이 있다.

29. 자본유지개념이 어떻게 이익의 측정과 관련되어 있는가?

자본유지개념(capital maintenance concept)은 기업실체가 유지해야 하는 자본의 개념을 정의하여 기업실체의 이익측정 기준을 제시함으로써 자본개념과 이익개념 사이의 연결고리를 제공한다. 다시 말하면 자본유지개념은 적절한 이익의 측정을 가능하게 하는 개념으로서 투자액의 반환(return of investment)과 투자이익(return on investment)을 구분해 주는 개념이다. 자본유지를 위해 필요한 금액을 초과하는 자산의 유입액만이 이익으로 간주되고, 결과적으로 자본의 투자이익이 된다. 어느 기업의 기초자본이 기말자본과 같다면 그 기업은 자본을 유지하고 있다고 할 수 있다. 따라서 소유주와의 관계에서 발생한 자본거래(유상증자, 배당 등)가 없었다면 기말자본이 기초자본을 초과했을 때 이익이 발생하는 것이다.

이와 같이 이익은 자본유지개념과 밀접하게 관련되어 있다. 이익은 해당 기간 동안 자본거래(소유주에 대한 분배 및 소유주의 투자)를 제외하고 기말순자산(자산에서 부채를 차감한 금액)의 재무적 측정금액(화폐금액)에서 기초순자산의 재무적 측정금액을 차감하여 측정한다. 즉, 자본유지와 이익은 다음과 같은 방식으로 구한다.

당기손익＝기말순자산－기초순자산±자본거래
＝순자산의 변동＋소유주에 대한 분배－소유주에 의한 투자

30. 재무자본유지개념과 실물자본유지개념의 차이를 설명하라.

재무자본유지개념(financial capital maintenance concept)에서 이익은 기말순자산의 화폐가액이 기초순자산의 화폐가액을 초과하는 금액에 당기중 소유주에게 배분된 금액을 가산하고 소유주로부터 납입된 금액을 차감하여 측정한다. 실물자본유지개념(physical capital maintenance concept)에서 이익은 기초실물생산능력을 초과하는 기말실물생산능력에서 당기중 소유주에게 분배된 금액을 가산하고 소유주의 투자금액을 차감하여 측정한다. 따라서 화폐자본유지개념에서는 보유손익을 당기손익의 측정에 포함하며, 실물자본유지개념에서는 보유손익을 당기손익의 측정에 포함시키지 않는다. 또한 화폐자본유지개념이 명목화폐단위로 정의되는 경우 당기중에 보유한 자산의 명목가치의 증가로 인한 보유손익은 이익으로 본다. 그러나 화폐자본유지개념이 일반구매력단위로 정의되는 경우 일반물가수준의 증가에 해당하는 자산가치증가분은 소유주지분의 증가로 보고 일반물가수준을 초과하는 자산가치의 증가분만을 이익으로 간주한다.

III 연습문제

2-1 정보유용성, 재무보고의 목적 및 질적특성

(1) 거짓이다. 재무정보를 유용하게 만드는 근본적 질적특성은 목적적합성과 표현충실성이다. 검증가능성은 근본적 질적특성을 제고시키는 보강적 질적특성 중의 하나이다.
(2) 참이다. 목적적합한 정보는 예측가치, 확인가치 또는 양자를 모두 가지고 있다는 서술은 맞는 말이다.
(3) 거짓이다. 예측가치와 확인가치는 목적적합성의 요소이다. 충실하게 표현된 정보는 완전하게 서술되거나, 중립적인 입장에서 서술되거나 오류가 없이 서술된 정보이다. 오류가 없다는 의미는 내용 및 절차에 오류가 없다는 것을 의미하고, 모든 면에서 완벽하다는 것을 의미하지는 않는다.
(4) 거짓이다. 비교가능성은 한 회사의 다른 기간간에 비교가능성 및 다른 회사의 동일한 기간간의 비교가능성에 모두 해당한다. 유사한 항목은 유사하게 회계처리하고 다른 항목은 다르다는 것을 나타내는 정보가 비교가능성이 높다.
(5) 거짓이다. 근본적 질적특성(목적적합성, 표현충실성)을 제고하는 보강적 질적특성은 검증가능성, 비교가능성, 적시성 및 이해가능성이 있다.
(6) 참이다. 재무정보이용자들은 재무정보를 이용하기에 필요한 합리적 지식을 가지고 있다고 본다. 그렇다고 해서 재무정보이용자가 항상 모든 것을 이해할 수 있는 능력이 있다는 것을 의미하지는 않는다. 재무정보이용자는 보고되는 재무정보가 이해하기 어려운 경우에는 이해하고자 하는 노력을 경주함은 물론 경우에 따라서는 전문가의 자문을 받을 수도 있다.

2-2 질적특성

(1) 비교가능성
(2) 정보원가제약
(3) 확인가치
(4) 비교가능성
(5) 중립성
(6) 검증가능성
(7) 목적적합성
(8) 보강적 질적특성
(9) 표현충실성
(10) 적시성

2-3 질적특성, 기본가정 및 제약요인

(1) 이해가능성
(2) 목적적합성
(3) 완전성
(4) 중요성
(5) 표현충실성
(6) 중립성
(7) 일관성(비교가능성)
(8) 계속기업의 가정
(9) 적시성
(10) 질적특성간의 균형
(11) 자본유지개념

2-4 질적특성, 기본가정, 회계원칙 및 제약요인

(1) 중립성(신중성)
(2) 계속기업의 가정
(3) 이해가능성
(4) 계속기업의 가정
(5) 중요성
(6) 적시성
(7) 중립성

2-5 질적특성 및 제약요인

(1) 확인가치
(2) 정보원가와 중요성
(3) 중립성
(4) 비교가능성(일관성)
(5) 중립성
(6) 적시성
(7) 목적적합성
(8) 비교가능성
(9) 검증가능성

2-6 재무제표요소 (1)

(1) 부채
(2) 수익
(3) 자산
(4) 포괄손익
(5) 자본
(6) 비용

2-7 재무제표요소 (2)

(1) 자본
(2) 비용
(3) 소유주에 대한 분배
(4) 부채
(5) 소유주에 의한 투자
(6) 의제의무

2-8 인식 및 측정

(1) 반대 : 취득원가를 자산으로 기록한 후 내용연수에 걸쳐 상각
(2) 반대 : 광고활동의 결과 미래에 효익이 발생할 가능성이 높다는 것을 증명하기 힘들기 때문에 광고비의 발생시기에 비용처리하는 것이 합리적임
(3) 반대 : 재고자산의 진부화손실이 명백하므로 자산이 소멸되었다고 보아야 함. 따라서 이에 대해서는 손실로 기록하고 재고자산을 감액시켜야 함
(4) 반대 : 감가상각비를 당기의 비용으로 계상해야 함. 이익의 크기에 따라 감가상각을 조작해서는 안 됨
(5) 반대 : 총액기준의 원칙에 입각하여 임차료와 임대료를 별도로 기록해야 하며 임대수익과 임차비용을 상계한 순임차료만 재무제표에 기록하면 안 됨
(6) 반대 : 홍수로 인하여 분실된 재고자산은 매출원가로 기록되어서는 안 되고 영업외비용으로 계상해야 함

2-9 측정기준 (1)

(1) 기계 : 취득원가
(2) 외상매출금 : 순실현가능가치(대손충당금 차감후 순액)
(3) 공정가치
(4) 무상으로 수증받은 토지 : 공정가치
(5) 건물 등의 감가상각대상자산 : 상각후원가(감가상각누계액 차감 후 순액)
(6) 장기매출채권 : 현재가치(사용가치, 기업특유가치)

2-10 측정기준 (2)

(1) 공정가치
(2) 현행가치
(3) 사용가치
(4) 이행가치
(5) 현행원가
(6) 유입가치
(7) 유출가치

2-11 자본유지개념

(1) 명목화폐자본유지개념 : ₩15,000 − ₩10,000 = ₩5,000
(2) 일반구매력자본유지개념 : ₩15,000 − ₩10,000 × 110% = ₩4,000
(3) 실물자본유지개념 : ₩15,000 − ₩15,000 = ₩0

2-12 개념체계 종합

(1) 소유주에 대한 분배
(2) 원가제약요인
(3) 비교가능성
(4) 일관성(비교가능성)
(5) 이해가능성
(6) 표현충실성
(7) 적시성
(8) 목적적합성
(9) 검증가능성
(10) 확인가치
(11) 수익
(12) 인식
(13) 중립성
(14) 예측가치
(15) 중요성
(16) 자산
(17) 측정기준
(18) 자본
(19) 제거
(20) 회계단위

제 3 장 회계시스템

익힘문제

1. 거래의 이중성과 복식부기시스템을 설명하라.

복식부기의 핵심은 거래의 이중성(duality of transactions)으로서 모든 회계상의 거래가 항상 차변과 대변 항목을 갖는다는 것이다. 예를 들면, 상품을 판매하고 그 대금을 현금으로 수취했다고 하자. 이 거래는 두 계정에 영향을 미치게 된다. 즉, 현금이라는 자산의 증가가 차변에 기록되고, 매출이라는 수익의 증가가 대변에 같은 금액만큼 기록된다. 따라서 복식부기시스템에서는 항상 차변금액과 대변금액이 동액만큼 변화한다. 이러한 복식부기의 기본원리 때문에 항상 차변과 대변은 균형을 이루게 되어 대차균형의 원리 또는 회계등식(재무상태표등식)이 성립한다. 회계등식은 "자산＝부채＋자본"이라는 대차균형의 원리로 표현된다.

2. 회계순환과정에 대해 설명하고, 필수적인 절차와 선택적인 절차를 구분하라.

기업체에 영향을 미치는 모든 거래 및 사건은 정확하게 기록되어 일정한 절차에 따른 회계시스템을 거쳐 재무제표의 형태로 회계정보이용자에게 정기적으로 보고된다. 일정한 절차에 따른 회계시스템을 회계순환과정(accounting cycle)이라고 한다. 회계순환과정은 여섯 단계의 필수적 절차와 몇 개의 선택적 절차로 구분할 수 있다. 필수적 절차는 ① 거래와 사건의 식별, ② 분개, ③ 원장으로 전기, ④ 수정분개, ⑤ 재무제표 작성, 그리고 ⑥ 장부마감의 순서로 이루어진다. ①부터 ③까지의 절차는 거래가 발생할 때마다 행하는 절차이고, ④와 ⑤는 재무제표를 작성할 때 행하는 절차이며, ⑥은 회계기말에 행하는 절차이다. 시산표의 작성과 정산표의 작성은 선택적이고 보조적인 수단이기 때문에 장부상에 기록하거나 보고하는 대상은 아니다.

3. 다음의 각 항목들이 거래인지 아닌지 설명하라.

(1) 외상으로 트럭을 구입하다.
회계상의 거래이다. 거래의 결과로 트럭(자산)이 증가하고 미지급채무(부채)가 증가하였다.

(2) 어떤 고객이 구입한 상품을 반품받고 돈을 되돌려주다.
회계상의 거래이다. 거래의 결과로 상품(자산)이 다시 증가하고 현금(자산)이 감소하였다.

(3) 신입사원의 채용면접을 실시하다.
회계상의 거래가 아니다. 자산, 부채, 자본의 변동이 없기 때문에 거래가 아니다.

(4) 회사의 소유자가 개인적인 목적으로 현금을 인출하다.
회계상의 거래이다. 거래의 결과로 현금(자산)이 감소하고, 소유주지분(자본)이 감소하였다.

(5) 다음 달에 인도할 상품을 주문받다.
회계상의 거래가 아니다. 상품의 주문 자체는 거래가 아니며 나중에 상품을 인도하였을 때 자산(현금 또는 매출채권)이 증가하고 매출액이 인식된다.

4. 아래의 결과를 가져오는 거래의 예를 들어 보라.

(1) 자산의 감소와 부채의 감소 : 외상매입금의 지급, 차입금의 상환 등
(2) 한 자산의 감소와 다른 자산의 증가 : 상품의 현금매입, 비품의 현금매입 등
(3) 한 부채의 감소와 다른 부채의 증가 : 외상매입금을 지급하고자 약속어음의 발행

5. 다음 거래의 차변계정과 대변계정을 표시하라.

(1) 고객에게 용역을 제공하고 그 대금을 청구하다.
(차) 외상매출금 (대) 용 역 수 익

(2) 고객으로부터 외상매출금을 현금으로 회수하다.
(차) 현 금 (대) 외상매출금

(3) 외상으로 사무용소모품을 구입하다.
(차) 소 모 품 (대) 외상매입금

(4) 배달트럭의 연료 20리터를 구입하다.
(차) 연 료 비 (대) 현 금

6. 왜 수익과 비용 계정을 임시계정이라 하는가?

모든 수익과 비용 계정은 한 회계기간 동안 인식하여 누적된 총수익과 총비용의 차이로 당기손익을 측정한 후에 이를 재무상태표에 있는 이익잉여금계정으로 마감분개를 통하여 마감함으로써 그 잔액을 없앤다. 그리고 다음 회계기간에 0에서 시작하여 다시 해당 기간의 손익측정과정을 거쳐서 또 이익잉여금으로 대체하는 것을 반복한다. 따라서 손익계산서계정은 그 금액이 매 회계기간마다 임시적으로 누적되었다가 잔액을 0으로 만드는 과정을 반복하기 때문에 임시계정이라고 부른다. 또한 재무상태표계정에 비하여 물리적으로 확인할 수 있는 성격의 계정이 아니라서 명목계정이라고 부르기도 한다.

7. 다음 각 항목들이 영구계징인지 임시계징인지, 그리고 재무상태표 항목인지 포괄손익계산서 항목인지를 구분하라.

(1) 선급보험료 : 영구계정 (재무상태표의 자산계정)
(2) 미지급임금 : 영구계정 (재무상태표의 부채계정)
(3) 재고상품 : 영구계정 (재무상태표의 자산계정)
(4) 감가상각누계액 : 영구계정 (재무상태표의 자산차감계정)
(5) 비품 : 영구계정 (재무상태표의 자산계정)
(6) 용역수익 : 임시계정 (포괄손익계산서의 수익계정)
(7) 사무직임금 : 임시계정 (포괄손익계산서의 비용계정)
(8) 소모품 : 영구계정 (재무상태표의 자산계정)

8. 만약 사무용으로 ₩500,000짜리 컴퓨터를 구입하고 차변에 매입으로 기록하는 실수를 했다면 이 실수가 재무상태표와 포괄손익계산서에 어떠한 영향을 미치는가?

재무상태표의 자산(컴퓨터)이 과소계상되고, 포괄손익계산서의 비용이 과대계상된다. 이는 또한 감가상각비의 과소계상으로 이어지게 된다. 따라서 재무상태표의 자산은 컴퓨터의 취득원가에서 감가상각비를 차감한 잔액만큼 과소계상되고, 포괄손익계산서는 취득원가에서 감가상각비를 차감한 잔액만큼 비용이 과대계상되어 당기손익이 과소계상된다. 마지막으로 재무상태표의 이익잉여금이 당기손익 과소계상액만큼 과소계상된다.

9. 수정분개란 무엇이며, 이것이 필요한 이유는 무엇인가?

수정분개(adjusting entries, adjustments)는 회계제도가 현금주의 회계를 사용하지 않고 발생주의 회계를 사용하기 때문에 필요한 절차이다. 현금주의 회계

(cash basis accounting)에서는 현금을 수취했을 때 수익을 인식하고, 현금을 지출했을 때 비용을 인식한다. 따라서 현금주의 회계는 현금수입액의 합계에서 현금지출액의 합계를 차감하여 당기의 순이익을 계산하는 방법으로서, 이 제도에서는 수익과 비용을 대응시키지 못한다는 큰 결점을 갖고 있다. 이와 같은 현금주의 회계의 문제점 때문에 현행 회계제도는 발생주의 회계(accrual basis accounting)를 이용하고 있다.

발생주의 회계에서는 현금 수취 및 지급과는 관계없이 수익과 비용이 발생했을 때(incurred) 인식한다. 따라서 수정분개는 당기의 손익계산에 있어서 수익과 비용의 적절한 대응을 가능하게 하고, 회계기말의 재무상태(자산, 부채 및 자본)를 정확히 표현하기 위해 필요한 절차이다. 모든 수정분개는 영구계정(자산, 부채, 자본)과 임시계정(수익, 비용)에 동시에 영향을 미치게 된다.

10. 수정분개의 종류를 체계적으로 구분하라.

수정분개를 필요로 하는 항목에는 일정한 체계가 있다. 수정분개의 대상은 네 가지로 분류할 수 있다. 첫째는 이연항목(deferred items)이고, 둘째는 발생항목(accrued items)이며, 셋째는 추정항목(estimated items)이고, 넷째는 자산 및 부채의 평가항목이다. 이를 보다 정리하면 다음의 표와 같다.

수정분개 대상항목	세부 구성항목	거래의 예
이연항목 (deferrals)	선급비용	선급임차료, 선급보험료
	선수수익	선수임대수익, 선수용역수익
발생항목 (accruals)	미지급비용	미지급급여, 미지급이자
	미수수익	미수이자수익, 미수임대수익
기타항목	추정항목	감가상각비, 대손상각비, 제품보증비
	자산/부채 평가항목	손상차손, 유형자산평가손익, 금융상품 평가손익

11. 마감분개란 무엇이며 이것이 필요한 이유는 무엇인가?

마감분개(closing entries)란 임시계정의 잔액을 ₩0으로 만들어서 한 기간의 장부를 마감하고, 차기의 거래를 새로이 기록할 수 있는 상태로 만들어 놓는 절차이다. 마감이 필요한 이유는 임시계정은 일정기간(예를 들면, 1년)마다 그 기간에 발생한 수익과 비용을 합계하여 그 기간에 귀속시켜 성과를 평가하기 때문이다. 배당금계정도 임시계정으로 회계기말에 마감되어야 한다.

12. 포천(주)는 20×2. 12. 31에 아래와 같이 기장하였다.

(차) 이 자 비 용	40,000	(대) 미지급이자	40,000
(한천은행 차입금에 대한 발생이자의 기록)			

한천은행은 20×2. 12. 31에 어떻게 분개를 해야 하는지를 밝히고, 왜 그렇게 해야 하는지를 설명하라.

이는 발생이자를 기록하는 수정분개이다. 이러한 수정분개를 하지 않았다면 이자비용과 부채가 과소계상되어 재무상태표와 손익계산서가 왜곡된다. 따라서 재무제표를 정확히 보고하기 위해서는 수정분개가 필요하다.

13. 20×2년 포괄손익계산서에 기재된 이자비용계정의 차변잔액은 ₩59,500이었고, 20×2. 1. 1의 미지급이자계정의 대변잔액이 ₩9,350이었으며 20×2. 12. 31 미지급이자계정의 대변잔액이 ₩13,600이라면 20×2년 기중에 지급한 이자금액은 얼마인가?

당기지급액=기초미지급이자+당기이자비용−기말미지급이자

=₩9,350+₩59,500−₩13,600

=₩55,250

보-1. 화폐의 시간가치란 무엇을 의미하는가?

화폐가 수취 또는 지급시기에 따라 가치를 달리 부여하는 개념을 화폐의 시간가치(time value of money)라고 한다. 화폐의 시간가치를 결정하는 요소는 금액, 기간과 할인율의 세 가지이다. 예를 들어 이자율이 10%일 때 지금 ₩10,000의 현금을 1년간 10%의 이자를 지급하는 정기예금에 가입한다면 ₩10,000의 미래가치는 (1+0.1)에 ₩10,000을 곱한 ₩11,000이 된다. 반대로 1년 후에 받을 예금 ₩11,000의 현재가치는 [1÷(1+0.1)]에 ₩11,000을 곱한 ₩10,000이 된다. 이와 같이 화폐의 시간가치에는 현재가치(present value)와 미래가치(future value)가 있으며 이들은 동전 앞뒷면의 관계에 있다. 미래가치는 원금이 미래의 특정 시점까지 또는 특정 기간 동안 얼마의 이자를 획득하여 그 결과 원금과 이자의 합계가 얼마가 되는지를 나타낸다. 반면 현재가치는 미래 특정 시점 또는 기간에 걸쳐 수취하기로 되어 있는 현금(원금과 이자)을 현재의 현금등가액으로 계산하면 얼마가 될 것인가를 나타낸다.

보-2. 현재가치와 미래가치의 관계를 설명하라.

현재가치(present value)와 미래가치(future value)는 동전 앞뒷면의 관계에 있다고 할 수 있다. 미래가치는 원금이 미래의 특정 시점까지 또는 특정 기간 동안 얼마의 이자를 획득하여 그 결과 원금과 이자의 합계가 얼마가 되는지를 나타낸다. 반면 현재가치는 미래 특정 시점 또는 기간에 걸쳐 수취하기로 되어 있는 현금(원금과 이자)을 현재의 현금등가액으로 계산하면 얼마가 될 것인가를 나타낸다.

보-3. 연금이란 무엇인가? 정상연금과 선불연금을 구분하라.

연금이란 미래 일정기간에 걸쳐서 동일금액을 받거나 지급하게 될 금액을 말한다. 연금의 종류는 기말에 발생하는 정상연금(ordinary annuity, 또는 기말연금)과 기초에 발생하는 선불연금(annuity due, 또는 기초연금)으로 나누어진다. 전자는 일반적으로 연금이라고 부르고, 후자는 선불연금이라고 부른다.

보-4. 현재가치 개념이 회계에서 응용되는 사례를 들고 간단하게 설명해 보라.

현재가치의 개념은 재무회계와 관리회계에서 광범위하게 이용된다. 재무회계에서는 회계기준이 현재가치 개념을 적용하여 제정된 것이 많이 있다. 예컨대 장기매출채권 및 장기매입채무를 현재가치로 평가하며, 금융리스에서 리스자산과 리스부채를 현재가치 개념을 적용하여 회계처리하며, 회사채의 평가 및 회계처리에서도 현재가치 개념을 적용한다.

연습문제

3-1 시산표 작성

오류정정분개 : 회계에서는 오류정정분개를 통하여 계정잔액을 조정해야 한다.

(1) 매출채권 회수액이 ₩1,840인데 ₩1,480으로 잘못 기록하였다.

(차) 현 금	360	(대) 매 출 채 권	360

(2) 원가 ₩930의 컴퓨터를 외상으로 구입하고 영업비의 차변에, 매입채무의 대변에 기록하였다.

(차) 비 품	930	(대) 영 업 비	930

(3) 고객에게 ₩2,250에 용역을 외상으로 제공하고 매출채권계정에 ₩2,250을 차기하고 수수료수익계정의 대변에 ₩225을 기록하였다.

(차) 무 수 정		(대) 수수료수익	2,025

(4) 전화요금 ₩95을 지급하고 영업비의 차변과 현금의 차변에 기록하였다.

(차) 무 수 정		(대) 현 금	190

(5) 수수료수익 총액 ₩5,280(₩225의 오류상태 포함)을 시산표에 표기하는 과정에서 ₩5,200으로 옮겨 적었다.

(차) 무 수 정		(대) 수수료수익	80

정정된 계정의 수정후 잔액은 다음과 같다.

현금 잔액 = ₩6,413 + ₩360 − ₩190 = ₩6,583

매출채권 잔액 = ₩5,240 − ₩360 = ₩4,880

비품 잔액 = ₩6,100 + ₩930 = ₩7,030

영업비 잔액 = ₩2,320 − ₩930 = ₩1,390

수수료수익 잔액 = ₩5,200 + ₩2,025 + ₩80 = ₩7,305

이상의 분석에 따라 올바른 시산표는 다음과 같다.

시산표

태양(주) 20×1. 4. 30 현재

계정과목	차 변	대 변
현 금	₩6,583	
매 출 채 권	4,880	
소 모 품	2,967	
비 품	7,030	
매 입 채 무		₩5,545
자 본 금		10,000
수수료수익		7,305
영 업 비	1,390	
	₩22,850	₩22,850

3-2 수정분개

(1) (차) 보 험 료 350* (대) 선급보험료 350

* ₩2,520×5/36=₩350

(2) (차) 임 대 수 익 600* (대) 선수임대수익 600

* ₩1,800×1/3=₩600

(3) (차) 판 촉 물 145 (대) 광 고 비 145

(4) (차) 이 자 비 용 230 (대) 미지급이자 230

3-3 매출원가

(1) 매출원가의 계산

매출원가=기초재고+당기순매입액−기말재고

=기초재고+(외상매입총액+현금매입총액+매입운임

−외상매입환출−현금매입환출−외상매입에누리

+소모품비로 기록한 현금매입액)−기말재고

=₩0+(₩20,000+₩9,140+₩800−₩680−₩420−₩1,350+₩790)

−₩4,800

=₩23,480

(2) 매출운임은 판매비로 보고하고, 매출할인은 매출액에서 차감하여 순매출액을 계산한다.

3-4 수정분개, 수정후시산표 및 마감분개

(1) 수정분개, 정정분개, 매출원가 분개

① (차) 선급광고비 5,940 (대) 광고선전비 5,940
* ₩1,980×3개월=₩5,940

② (차) 감가상각비 7,600 (대) 감가상각누계액 7,600
* ₩121,600÷16년=₩7,600

③ (차) 보 험 료 880 (대) 선급보험료 880
* ₩2,640×4/12=₩880

④ (차) 임 대 수 익 1,910 (대) 선수임대수익 1,910
* ₩3,820×6/12=₩1,910

⑤ (차) 대손상각비 600 (대) 대손충당금 600
* ₩105,000×2%−₩1,500=₩600

⑥ (차) 종업원미수금 900 (대) 급 여 900

⑦ (차) 무형자산상각비 8,400 (대) 산업재산권 8,400
* ₩42,000÷5년=₩8,400

⑧ (차) 이 자 비 용 3,000 (대) 미지급이자 3,000
* ₩180,000×2.5%×4/6=₩3,000

⑨ (차) 감가상각비 2,800 (대) 감가상각누계액 2,800
* ₩33,600÷12년=₩2,800

⑩ (차)	매 출 원 가	83,200	(대)	상 품(기초)	62,000
	매 입 할 인	1,800		매 입	100,000
	상 품(기말)	77,000			

(2) 수정후시산표

수정후시산표

장성(주) 20×4. 12. 31 현재

차변	금액	대변	금액
현 금	₩60,000	대손충당금	₩2,100
매 출 채 권	105,000	감가상각누계액-건물	22,800
상 품	77,000	감가상각누계액-기계	8,400
선급보험료	1,760	매 입 채 무	105,000
토 지	90,000	사 채(5년, 5%)	180,000
건 물	121,600	자 본 금	162,000
기 계	33,600	이익잉여금	22,020
산업재산권	16,800	매 출	208,000
광고선전비	23,760	임 대 수 익	3,820
소 모 품 비	13,680	선수임대수익	1,910
급 여	56,530	미지급이자	3,000
이자비용(사채)	9,000		
선급광고비	5,940		
감가상각비	10,400		
보 험 료	880		
대손상각비	600		
종업원미수금	900		
무형자산상각비	8,400		
매 출 원 가	83,200		
	₩719,050		₩719,050

(3) 마감분개

(차) 매 출	208,000	(대) 집 합 손 익	211,820
임 대 수 익	3,820		
(차) 집 합 손 익	206,450	(대) 매 출 원 가	83,200
		급 여	56,530
		광고선전비	23,760
		소 모 품 비	13,680
		이 자 비 용	9,000
		감가상각비	10,400
		무형자산상각비	8,400
		보 험 료	880
		대손상각비	600
(차) 집 합 손 익	5,370	(대) 이익잉여금	5,370

3-5 수정분개, 재무제표의 작성과 마감분개

(1) 20×5. 12. 31 수정분개

① (차) 급 여	300	(대) 미지급급여	300
② (차) 이 자 비 용	1,200	(대) 미지급이자	1,200
③ (차) 감가상각비	1,500	(대) 감가상각누계액	1,500
④ (차) 매 출 원 가	11,100	(대) 재고자산(기초)	10,400
재고자산(기말)	8,600	매 입	9,100
		매 입 운 임	200
⑤ (차) 금 융 자 산	400	(대) 금융자산평가이익(OCI)	400

(2) 수정후시산표

수정후시산표

준기(주) 20×5. 12. 31 현재

현 금	₩16,700	매 입 채 무	₩12,000
금 융 자 산	2,400	차 입 금	10,000
매 출 채 권	14,000	미 지 급 금	2,500
재 고 자 산	8,600	감가상각누계액	12,000
비 품	37,300	자 본 금	30,000
광 고 비	200	이익잉여금	8,000
급 여	2,000	매 출	19,400
매 출 원 가	11,100	미지급급여	300
임 차 료	800	미지급이자	1,200
이 자 비 용	1,200	금융자산평가이익(OCI)	400
감가상각비	1,500		
합 계	₩95,800	합 계	₩95,800

(3) 포괄손익계산서와 재무상태표

포괄손익계산서

준기(주) 20×5. 12. 31자로 종료되는 회계연도

매 출		₩19,400
매 출 원 가		11,100
매출총이익		8,300
총 비 용		
급 여	₩2,000	
광 고 비	200	
임 차 료	800	
감가상각비	1,500	
이 자 비 용	1,200	5,700
당 기 손 익		₩2,600
기타포괄손익		
금융자산평가이익		400
총포괄손익		₩3,000

재무상태표

준기(주) 20×5. 12. 31 현재

현 금	₩16,700	매 입 채 무	₩12,000
금 융 자 산	2,400	차 입 금	10,000
매 출 채 권	14,000	미 지 급 금	2,500
재 고 자 산	8,600	미지급급여	300
비 품	37,300	미지급이자	1,200
감가상각누계액	(12,000)	부채총계	26,000
		자 본 금	30,000
		이익잉여금*	10,600
		기타포괄손익누계액	
		금융자산평가이익누계액	400
		자본총계	41,000
자산총계	₩67,000	합 계	₩67,000

* 이익잉여금 = ₩8,000 + ₩2,600 = ₩10,600

(4) 20×5. 12. 31 마감분개

〈매출의 마감〉

(차) 매 출 19,400 (대) 집 합 손 익 19,400

〈비용의 마감〉

(차) 집 합 손 익	16,800	(대) 매 출 원 가	11,100
		급 여	2,000
		광 고 비	200
		임 차 료	800
		감가상각비	1,500
		이 자 비 용	1,200

〈집합손익의 마감〉

(차) 집 합 손 익	2,600	(대) 이익잉여금	2,600

〈금융자산평가이익(OCI)의 기타포괄손익누적액으로 마감〉

(차) 금융자산평가이익	400	(대) 기타포괄손익누계액	400

3-6 회계순환과정 – 종합

(1) 1월중 거래에 대한 일반분개

일 자	〈차 변〉		〈대 변〉	
1. 1	매 출 채 권	2,800	매 출	2,800
1. 2	현 금	3,210	매 출 채 권	3,250
	매 출 할 인	40		
1. 3	현 금	7,000	매 출	7,000
1. 5	매 입	4,525	매 입 채 무	4,525
1. 6	매 입 운 임	100	현 금	100
1. 7	외상매입금	3,500	현 금	3,470
			매 입 할 인	30
1. 9	FVOCI자산	1,000	현 금	1,000
1.10	비 품	1,250	미 지 급 금	1,250
1.28	광 고 비	55	현 금	1,295
	급 여	840		
	임 차 료	400		

(2) 총계정원장과 전기

현 금

기초	4,000	1. 6	100
1. 2	3,210	1. 7	3,470
1. 3	7,000	1. 9	1,000
		1. 28	1,295

FVOCI자산

1. 9	1,000		

매출채권

기초	7,500	1. 2	3,250
1. 1	2,800		

재고자산

기초	5,200		

비 품

기초	17,400		
1. 10	1,250		

감가상각누계액

		기초	5,220

매입채무

1. 7	3,500	기초	11,000
		1. 5	4,525

자본금

		기초	17,880

매 출

		1. 1	2,800
		1. 3	7,000

매출할인

1. 2	40		

매입할인

		1. 7	30

매 입

1. 5	4,525		

매입운임

1. 6	100		

광고비

1. 28	55		

급 여

1. 28	840		

임차료

1. 28	400		

미지급금

		1. 10	1,250

(3) 수정전시산표

수정전시산표

20×5. 1. 31 현재

차변	금액	대변	금액
현 금	₩8,345	매 입 채 무	₩12,025
FVOCI자산	1,000	미 지 급 금	1,250
매 출 채 권	7,050	감가상각누계액	5,220
재 고 자 산	5,200	자 본 금	17,880
비 품	18,650	매 출	9,800
매 출 할 인	40	매 입 할 인	30
광 고 비	55		
급 여	840		
매 입	4,525		
매 입 운 임	100		
임 차 료	400		
합 계	₩46,205	합 계	₩46,205

(4) 수정분개(20×5. 1. 31)

	차변	금액	대변	금액
①	(차) 급 여	125	(대) 미지급급여	125
②	(차) 감가상각비	150	(대) 감가상각누계액	150
③	(차) 매 출 원 가	5,200	(대) 재고자산(1. 1)	5,200
	매 출 원 가	4,525	매 입	4,525
	매 출 원 가	100	매 입 운 임	100
	매 입 할 인	30	매 출 원 가	30
	재 고 자 산	4,225	매 출 원 가	4,225
④	(차) FVOCI자산	200	(대) 금융자산평가이익 (기타포괄손익)	200

(5) 수정후시산표

수정후시산표

20×5. 1. 31 현재

차변	금액	대변	금액
현 금	₩8,345	매 입 채 무	₩12,025
FVOCI자산	1,200	미지급급여	125
매 출 채 권	7,050	미 지 급 금	1,250
재 고 자 산	4,225	감가상각누계액	5,370
비 품	18,650	자 본 금	17,880
매 출 할 인	40	매 출	9,800
광 고 비	55	금융자산평가이익	200
급 여	965		
매 출 원 가	5,570		
임 차 료	400		
감가상각비	150		
합 계	₩46,650	합 계	₩46,650

(6) 포괄손익계산서와 재무상태표의 작성

포괄손익계산서

동성(주) 20×5. 1. 1～20×5. 1. 31

매 출	₩9,760*
매 출 원 가	5,570
급 여	965
광 고 비	55
감가상각비	150
임 차 료	400
당기순이익	2,620
기타포괄손익	
금융자산평가이익	200
포 괄 이 익	₩2,820

* 매출액은 매출할인을 차감한 순액임.

재무상태표

동성(주) 20×5. 1. 31 현재

현 금	₩8,345	매 입 채 무	₩12,025
FVOCI자산	1,200	미지급급여	125
매 출 채 권	7,050	미 지 급 금	1,250
재 고 자 산	4,225	부채총계	13,400
비 품	18,650	자 본 금	17,880
감가상각누계액	(5,370)	이익잉여금	2,620
		기타포괄손익누계액	200
		자본총계	20,700
자산총계	₩34,100	부채와 자본총계	₩34,100

(7) 마감분개(20×5. 1. 31)

(1)	(차) 매 출	9,760	(대) 집 합 손 익	9,760
(2)	(차) 집 합 손 익	7,140	(대) 매 출 원 가	5,570
			급 여	965
			광 고 비	55
			감가상각비	150
			임 차 료	400
(3)	(차) 집 합 손 익	2,620	(대) 이익잉여금	2,620
(4)	(차) 금융자산평가이익	200	(대) 기타포괄손익누계액	200

보-1 현재가치와 미래가치 (1)

(1) ₩5,000 $(1+0.12)^5$ = ₩8,812

(2) ₩800,000 / $(1+0.12)^8$ = ₩323,107

(3) ₩400 × 31.7725 = ₩12,709

(4) ₩1,200 × 3.3522 = ₩4,023
₩10,000 × 0.4972 = 4,972
₩8,995

보-2 현재가치와 미래가치 (2)

(1) ₩25,000÷(7.3359－1)＝₩3,946

(2) ₩20,000×4.2124＝₩84,248

(3) ₩100,000×0.7118＋₩10,000×2.4018＝₩95,198

(4) ₩30,000×4.1699＝₩125,097

보-3 현재가치의 응용

취득원가 : ₩500,000×2.4868 (3년, 10% 연금현가)＝₩1,243,400

제 4 장 재무제표

익힘문제

1. 재무제표의 작성책임은 누구에게 있으며 그 이유는 무엇인가?

   재무제표의 작성과 표시에 대한 책임은 경영자에게 있다. 경영자는 주인(principal)인 주주로부터 자원을 위탁받은 대리인(agent)의 역할을 하는 사람이다. 따라서 주주로부터 위탁받은 자원을 효율적으로 활용하여 주주의 이해관계를 극대화할 뿐만 아니라 그 위탁받은 자산의 운용에 따른 성과와 재무상태를 주인인 위탁자에게 정기적으로 보고할 수탁자의 책임(stewardship)인 회계책임(accountability)을 진다. 이런 의미에서 대리인으로서의 경영자는 주인에 대한 보고의무로서 재무제표를 작성하여 보고할 책임을 지는 것이다.

2. 일반목적재무제표에는 어떤 것들이 있는가?

   기본재무제표에는 재무상태표, 손익계산서, 현금흐름표와 자본변동표가 있다. 한편, 재무제표에 대한 주기, 주석 및 부속명세서도 재무제표의 구성요소로 본다.

3. 발생주의에 근거하여 작성된 재무제표와 현금주의에 근거하여 작성된 재무제표는 어떤 것들이 있는가?

   발생주의에 근거하여 작성된 재무제표는 재무상태표, 손익계산서 및 자본변동표가 있다. 한편, 현금주의에 근거하여 작성된 재무제표는 현금흐름표가 있다.

4. 재무제표의 작성에 있어서 발생주의 가정과 계속기업 가정은 어떤 의미가 있는가?

   발생기준(accrual basis)은 재무회계의 기본적 특징으로서 재무제표의 기본요소의 정의, 인식 및 측정과 관련되어 있다. 발생기준은 현금거래뿐만 아니라

신용거래, 비화폐성항목(재화, 용역)의 교환 또는 무상이전, 자산 및 부채의 가격변동 등과 같이 현금유출입을 동시에 수반하지 않는 거래나 사건을 인식함으로써 기업실체의 자산, 부채 및 자본과 이들의 변동에 관한 정보를 제공한다.

경영자는 재무제표를 작성함에 있어서 기업의 존속가능성을 평가해야 하며, 기업이 경영활동을 청산 또는 중단할 의도가 있거나, 경영활동을 계속할 수 없는 상황에 처한 경우를 제외하고는 계속기업(going concern)을 가정하여 재무제표를 작성해야 한다. 경영자는 계속기업의 가정이 타당한지 판단하기 위하여 수익성, 부채상환계획, 대체적 재무자원의 조달계획 등의 정보를 이용해야 한다. 경영자가 계속기업의 가정에 대하여 중대한 의문을 가지게 된 경우에는 그 내용을 주석으로 기재해야 한다. 발생주의 회계의 상당부분이 계속기업의 가정에 근거하고 있다. 예컨대 역사적원가주의, 수익과 비용의 대응 등과 같은 중요한 회계원칙이 기업이 계속적으로 존속한다는 가정하에 의미가 있다. 계속기업의 가정이 무너질 경우 역사적원가보다는 청산가치가 보다 중요한 측정속성이 될 것이며, 감가상각비의 반영을 통한 수익과 비용의 대응도 무의미하게 될 것이다.

5. 재무제표의 작성에 고려해야 할 일반원칙에는 어떤 것들이 있는가?

1) 공정한 표시 및 K-IFRS의 준수

재무제표는 기업의 재무상태, 재무성과 및 현금흐름을 공정하게 표시해야 한다. 공정한 표시를 위해서는 개념체계에서 정한 자산·부채 및 수익·비용에 대한 정의와 인식요건에 따라 거래, 사건 및 상황의 효과를 충실하게 표현해야 한다. K-IFRS의 모든 기준을 적용하여 작성한 재무제표는 재무상태, 재무성과 및 현금흐름을 공정하게 표시한 것으로 본다. 따라서 모든 K-IFRS를 준수하지 않고서는 재무상태 등이 공정하게 표시되었다고 주장할 수 없다는 것이 K-IFRS의 입장이다. K-IFRS를 준수하여 재무제표를 작성한 경우에는 그러한 사실을 재무제표의 주석에 명시적이고 제한 없이 기재하도록 되어 있다. 그러나 재무제표가 K-IFRS의 요구사항을 모두 충족한 경우가 아니라면 K-IFRS를 준수하여 작성되었다고 기재해서는 안 된다.

2) 계속기업의 가정과 발생주의 회계의 사용

경영자는 재무제표를 작성함에 있어서 계속기업으로서의 존속가능성을 평가해야 한다. 기업이 경영활동을 청산 또는 중단할 의도가 있거나, 경영활동을 계속할 수 없는 상황에 처한 경우를 제외하고는 계속기업(going concern)을 가정하여 재무제표를 작성해야 한다. 경영자는 계속기업의 가정이 타당한지 판단하기 위해 수익성, 부채상환계획, 대체적 재무자원의 조달계획 등의 정보를 이용해야 한다. 경영자가 계속기업의 가정에 대해 중대한 의문을 가지게 된 경우에는 그 내용을 주석으로 기재해야 한다. 기업은 재무상태표, 포괄손익계산서 및 자본변동표는 발생주의 회계를 사용하여 작성해야 한다. 한편, 현금흐름표는 현금주의를 이용하여 작성한다.

3) 중요성과 통합표시

어떠한 항목이 개별적으로나 집합적으로 재무제표에 기초한 이용자의 경제적 의사결정에 영향을 미치는 경우 그 항목의 누락이나 왜곡표시는 중요한 결과를 초래하게 된다. 따라서 재무제표에 보고할 항목은 중요성을 고려하여 결정해야 한다. 중요성(materiality)이란 인식을 위한 제약요인이라고 할 수 있는데, 관련 사항을 고려하여 누락이나 왜곡표시의 크기와 성격에 따라 판단한다.

유사한 항목은 각 주요 종류별로 구분하여 표시하고, 상이한 성격이나 기능을 가진 항목은 구분하여 표시하되 중요하지 않은 항목은 통합하여 표시할 수 있다. 예컨대 일정금액 미만의 비품성격의 항목을 소모품비용에 포함하여 회계처리하는 것은 금액이 중요하지 않거나 항목의 성격이 중요하지 않기 때문에 인정된다. 또한 재무제표상의 본문과 주석에 적용하는 중요성에 대한 판단기준은 서로 다를 수 있다. 예컨대 재무제표 본문에 통합하여 표시한 항목이라도 주석에는 구분하여 표시할 만큼 중요한 항목일 수 있다.

4) 상 계

K-IFRS에서 요구하거나 허용하지 않는 한 자산과 부채 그리고 수익과 비용은 상계하지 않는다. 상계표시로 거래 또는 사건의 실질이 반영되는 경우를 제외하고는, 포괄손익계산서, 재무상태표에서의 상계표시는 발생한 거래, 사건 및 상황을 이해하고 기업의 미래현금흐름을 분석할 수 있는 재무제표이용자의 능력을 저해한다고 본다. 다만, 재고자산평가충당금, 대손충당금, 감가상각누계액, 현재가치할인차금과 같은 차감계정을 차감하여 관련 자산을 순액으로 측정하는 것은 상계표시에 해당하지 않는다. 한편, 수익은 기업이 제공하는 매매할인이나 수량할증을 고려하여 받거나 받을 대가의 공정가치로 측정한다. 또한, 기업은 정상적인 영업활동과정에서 수익을 창출하지는 않지만 주요 수익창출활동에 부수적인 기타거래를 할 수 있다. 동일 거래에서 발생하는 수익과 관련 비용의 상계표시가 거래 또는 사건의 실질을 반영한다면, 그러한 거래의 결과는 상계하여 표시한다.

5) 비교정보

재무제표의 기간별 비교가능성을 제고하기 위하여 재무보고를 할 때 전기와 당기를 비교하는 형식으로 보고해야 한다. 이와 같이 두 기간을 함께 보고하는 재무제표를 비교재무제표(comparative financial statements)라고 한다.

당기 재무제표를 이해하는 데 더 목적적합하다면 서술형 정보의 경우에도 비교정보를 포함한다. 예컨대 전기 재무상태표일 현재 미해결상태였던 소송사건이 당기 재무제표가 사실상 확정된 날까지 해결되지 않은 경우에는 전기 재무상태표일에 불확실성이 존재했다는 사실과 내용, 당기에 취해진 조치 및 결과 등에 대한 정보를 주석으로 기재해야 한다.

6) 표시의 계속성

재무제표의 기간별 비교가능성, 즉 일관성(consistency)을 제고하기 위해서는 재무제표 항목의 표시와 분류는 매기 동일해야 한다. K-IFRS에서도 다음 경우를 제외하고는 표시의 계속성을 유지하도록 요구하고 있다.

① 사업내용의 중요한 변화나 재무제표를 검토한 결과 다른 표시나 분류방법이 더 적절한 것이 명백한 경우
② K-IFRS에서 표시방법의 변경을 요구하는 경우

중요한 인수나 매각, 또는 재무제표의 표시에 대해 검토한 결과 재무제표를 다른 방법으로 표시할 필요가 있을 수 있다. 기업은 변경된 표시방법이 재무제표이용자에게 표현충실하고 더욱 목적적합한 정보를 제공하며, 변경된 구조가 지속적으로 유지될 가능성이 높아 비교가능성을 저해하지 않을 것으로 판단할 때에만 재무제표의 표시방법을 변경한다. 표시방법을 변경할 때에는 비교정보를 재분류한다.

6. 비교재무제표란 무엇을 말하는가?

재무제표의 기간별 비교가능성을 제고하기 위하여 재무보고를 할 때 전기와 당기를 비교하는 형식으로 보고하는 것이 바람직하다. 이와 같이 두 기간의 재무제표를 같이 보고하는 것을 비교재무제표(comparative financial statements)라고 한다.

7. 재무상태표가 제공하는 정보는 재무제표이용자를 어떻게 돕는가?

재무상태표란 일정시점(at a specific point in time)에서 기업의 재무상태에 관한 정보를 제공하여 주는 정태보고서로서, 특정 시점에 찍은 '기업의 스냅사진'이라고 할 수 있다. 재무상태표는 재무상태표일 현재 기업의 자산, 부채 및

자본의 금액과 구성을 표시하는 재무보고서로서 기업의 경제적 자원, 재무구조, 유동성과 재무건전성 및 기업환경변화에 적응할 수 있는 능력 등 재무상태를 파악하는 데 유용한 정보를 제공한다. 재무상태표는 손익에 관한 보완적 정보를 제공하여줄 뿐만 아니라 ① 자산의 수익률(총자산순이익률, 자기자본순이익률 등), ② 자본구조, ③ 유동성 및 재무탄력성에 관한 기초정보를 제공하여 준다.

8. 손익계산서의 중요성은 무엇이며, 주요 한계점은 무엇인가?

정보이용자들은 다음과 같은 유용성 때문에 손익계산서를 중요시한다.

첫째, 손익계산서는 주주와 채권자에게 미래현금흐름에 관한 정보를 제공해 준다.

둘째, 기업경영활동의 성과를 평가하는 데 유용한 정보를 제공한다.

셋째, 회계이익은 과세소득의 기초자료로 이용된다.

넷째, 이상의 주된 이용자에게 제공되는 유용성 이외에도 손익계산서는 임금협상, 가격결정, 정부의 조세 및 경제정책 등에 필요한 중요한 정보를 제공한다.

손익계산서는 가장 유용한 이익정보를 제공해 주는 보고서이지만 다음과 같은 한계점도 가지고 있다.

첫째, 손익계산서가 제공하는 회계이익(accounting income)이 진실한 이익(true income)인가의 문제이다. 즉, 회계이익은 일반적으로 인정된 회계원칙에 따라 측정된 인위적인 화폐이익으로서 측정하기 곤란한 많은 비화폐적 요소가 포함되지 않는다. 예컨대 인적자원, 기업내부적으로 창출된 영업권, 일부 자산의 가격변동 등 회계이익에 포함되지 않은 요소들이 많다. 또한 경제학적 이익과 회계이익 간에 상당한 괴리가 존재한다는 점이다. 경제학적 이익은 만족감의 증대라는 질적인 측면에서 정의되고 있으므로 화폐적 이익뿐만 아니라 심리적 이익(psychic income)도 포함하고 있는 데 반하여, 회계이익은 화폐로써 측정가능한 이익만을 의미한다.

둘째, 회계이익은 회계처리방법에 따라 달라질 수 있다. 따라서 이익의 질(quality of earnings)이라는 문제가 대두된다.

셋째, 이익은 비경상적 항목이나 특별항목 때문에 크게 영향을 받을 수 있다. 비경상적인 원천에 기인하여 발생한 이익은 지속성이 약하며, 특별한 주의를 요한다.

9. 정보의 원천으로서 재무상태표가 갖는 중요한 한계점은 무엇인가?

재무상태표의 한계점으로는 다음의 것들을 들 수 있다.

① 역사적원가로 평가된 자산과 부채는 현행가치를 반영하지 못한다는 것이다. '일반적으로 인정된 회계원칙'에 따르면 대부분의 자산은 취득원가로 기록된다.

② 재무상태표의 측정치 중 상당부분이 주관적인 추정치에 근거하여 평가된다는 점이다. 예컨대 수취채권의 대손율, 재고자산의 감모율 및 판매가능성, 유형자산의 내용연수와 잔존가치, 무형자산의 내용연수 등이 모두 추정 또는 일반적 관습에 의하여 측정되고 있다.

③ 회사에 상당한 가치가 있는 자원이라도 이를 합리적으로 측정할 수 없기 때문에 자산에 포함하지 못하고 있다는 점이다. 예컨대 인적자원이나 내부적으로 창출한 영업권은 분명히 아주 중요한 자원이지만 구체적으로 측정하기가 어려워 재무상태표에 자산으로 포함시키지 못하고 있다.

④ 부채의 성격을 갖는 부외금융(off-balance sheet financing)항목을 포함하지 못한다는 점이다. 이와 같은 항목은 회사가 의도적으로 배제시키는 경우가 많아서 더욱 문제가 심각하다. 예컨대 소구권부 매출채권의 매도, 운용리스 등을 들 수 있다.

10. 재무탄력성이란 무엇이며 왜 이것이 중요한가?

재무탄력성(financial flexibility)이란 갑작스런 자금수요에 대처할 수 있는 능력이라고 표현할 수 있으나, 보다 정확하게는 "현금흐름의 금액과 시기를 효과적으로 조절할 수 있어서 갑작스런 자금수요 및 투자기회에 대처할 수 있는 능력"이라고 정의할 수 있다. 재무탄력성이 높은 기업은 경제상황이 좋지 않은 경우에도 살아남을 가능성이 높으며, 다시 경기가 회복될 경우 쉽게 호전될 수가 있으며, 갑작스러운 투자기회에 효과적으로 대처할 수 있다. 대체적으로 재무탄력성이 높을수록 기업위험은 낮다고 말할 수 있다. 따라서 재무탄력성에 대한 정보는 현행 재무상태표가 제공하는 유동성에 대한 정보에 보완하여 유사시 기업의 자금조달능력을 보여준다는 점에서 중요한 의미가 있다.

11. 유동성배열법이란 무엇인가?

유동성이란 현금근접성이라고 표현할 수 있는데, 보다 정확하게는 "자산의 경우 현금으로 전환하는 데 걸리는 시간을 의미하고, 부채의 경우에는 부채의 지불에 걸리는 시간"으로 정의할 수 있다. 재무상태표는 유동성배열법을 따르는 것이 일반적인데, 자산과 부채의 경우 유동성의 순서에 따라 보고한다는 의미이다. 즉, 현금및현금성자산, 단기금융상품, 매출채권, 재고자산, 선급비용 등의 유동자산을 먼저 보고하고 투자자산, 유형자산 및 무형자산의 순서로 보고하는 것이 바로 유동성배열법에 따른 것이다. 마찬가지로 부채도 유동부채를 먼저 보고하고 그 다음에 비유동부채를 보고한다.

12. 자본의 구성요소에 대해 간략하게 설명하라.

자본은 납입자본, 이익잉여금, 기타포괄손익누계액 및 자본유지조정으로 분류할 수 있다.

납입자본(paid-in capital)은 액면금액을 기준으로 보고한 자본금(legal stock)과 액면금액을 초과하여 납입된 부분을 의미하는 주식발행초과금(share premium 또는 additional paid-in capital)을 합한 금액을 의미한다. 액면금액이 없는 주식의 경우에는 자본금과 주식발행초과금을 구분하지 않고 납입자본이라는 계정만 사용하면 된다. 자본금은 법정자본금으로서 주당 액면금액에 발행주식수를 곱한 금액이다. 한편, 주식발행초과금뿐만 아니라 주주와의 자본거래에서 발생한 자기주식처분이익 및 감자차익 등이 있는데, 이들을 통칭하여 자본잉여금이라고 부르기도 한다.

이익잉여금(결손금)(retained earnings)은 손익계산서에서 보고된 손익누계액과 다른 자본항목에서 이입된 금액의 합계액에서 주주에 대한 배당, 자본금으로의 자본전입 및 자본조정 항목의 상각 등으로 처분된 누계액을 차감한 잔액이다.

기타포괄손익누계액(accumulated other comprehensive income)은 재무상태표일 현재의 기타포괄손익 잔액이다. 여기에는 FVOCI자산평가손익, 해외사업환산손익, 퇴직급여재측정요소, 현금흐름위험회피손익, 자산재평가잉여금 등이 포함된다.

자본유지조정(capital maintenance adjustments)은 당해 항목의 성격상 자본거래에 해당하나 최종 납입된 자본으로 볼 수 없거나 자본의 차감 성격으로 자본금이나 자본잉여금으로 분류할 수 없는 항목이다. 예컨대 주식할인발행차금, 자기주식, 주식매수선택권, 출자전환채무, 감자차손 및 자기주식처분손실 등이 포함된다.

13. 기타포괄손익에는 어떤 것들이 있으며, 그 공통적인 성격은 무엇인가?

기타포괄손익(other comprehensive income)에는 FVOCI자산평가손익, 해외사업환산손익, 퇴직급여재측정요소, 현금흐름위험회피손익, 자산재평가잉여금 등이 포함된다. 이들의 공통적인 성격은 보유기간중 평가손익이 발생한 경우로서 아직 처분되거나 손상차손이 발생되지 않아서 실현되지 않았다는 점이다.

14. 성격별 분류와 기능별 분류에 따른 손익계산서에 대해 간단하게 설명하라.

성격별(nature) 분류에서는 당기손익에 포함된 비용은 그 성격별(예 : 감가상각비, 원재료의 구입, 운송비, 종업원급여와 광고비)로 통합하며, 기능별로 재배분하지 않는다. 비용을 기능별 분류로 배분할 필요가 없기 때문에 적용이 간단할 수 있다.

기능별(function) 분류는 매출원가법(cost of sales method)으로 불리기도 하는데, 비용을 매출원가, 물류원가와 관리활동원가 등과 같이 기능별로 분류한다. 이 방법에서는 적어도 매출원가를 다른 비용과 분리하여 공시한다. 이 방법은 성격별 분류보다 재무제표이용자에게 더욱 목적적합한 정보를 제공할 수 있지만, 비용을 기능별로 배분하는 데 자의적인 배분과 상당한 정도의 판단이 개입될 수 있다.

15. 주당이익의 표시에 대해 간략하게 설명하라.

주당이익(earnings per share : EPS)이란 한 기간 동안의 지배회사 보통주 1주당 이익이 얼마인가를 나타내는 지표이다. 주당이익은 한 기간 동안의 회사의 영업활동성과를 나타내는 것으로서 투자자들이 투자의사결정에 가장 빈번하게 이용하고 있는 투자지표이다. K-IFRS에서는 지배회사의 보통주에 대하여 주당계속영업손익과 주당순손익을 포괄손익계산서에서 표시하고 그 산출근거를 주석으로 제시하도록 규정하고 있다. 또한, 희석증권이 존재하는 경우 복잡한 자본구조(complex capital structure)에서는 희석증권으로 인하여 주당손익이 낮아질 수 있는 가능성을 고려하여 주당손익을 기본주당손익과 희석주당손익으로 구분하여 이중표시(dual presentation)하도록 규정하고 있다.

III 연습문제

4-1 손익계산서

매출원가=기초재고+당기매입−기말재고

	A	B	C	D	E	F
해답	₩1,000	₩1,000	₩400	₩1,200	₩1,300	₩1,000

4-2 재무제표의 연계

기말재무상태표

자 산	₩48,000	부 채	₩21,600
		자 본	x
		이익잉여금	₩6,000

x (자본)= ₩48,000 − ₩21,600 − ₩6,000 = ₩20,400

기초재무상태표

자 산	₩40,000	부 채	x
		자 본	₩20,400

x = ₩40,000 − ₩20,400

x (기초의 총부채)= ₩19,600

4-3 매출원가 계산

매출원가=기초재고+당기매입−기말재고

= ₩3,600+(₩29,900 + ₩1,800 − ₩2,500 − ₩400) − ₩4,800

= ₩27,600

4-4 당기순손익 계산

〈기말수정사항〉

① (차) 대손상각비	8,000	(대) 대손충당금	8,000
② (차) 급 여	30,000	(대) 미지급급여	30,000
③ (차) 감가상각비	400,000	(대) 감가상각누계액	400,000

④ (차) 보 험 료 200,000 (대) 선급보험료 200,000

매출원가=기초재고+당기매입－기말재고

=₩1,500,000+₩3,100,000－₩1,700,000

=₩2,900,000

손익계산서

매 출 원 가	₩2,900,000	매 출	₩4,500,000
지급임차료	300,000		
급 여	1,130,000		
대손상각비	8,000		
감가상각비	400,000	당기순손실	₩438,000
보 험 료	200,000		
	₩4,938,000		₩4,938,000

4-5 손익계산서와 재무상태표의 작성

손익계산서

부춘(주) 20×1. 1. 1부터 20×1. 12. 31까지

과 목	금 액
매 출 액	₩968,000
매 출 원 가	(565,000)
매출총이익	403,000
판 매 비	(232,000)
관 리 비	(99,000)
영 업 이 익	72,000
임 대 수 익	18,000
토지처분이익	30,000
법인세비용차감전순손익	120,000
법인세비용	(38,500)
당기순이익	₩81,500

(1) 매출액 : 매출(1,000,000)－매출환입(17,500)－매출할인(14,500)

(2) 당기매입 : 매입(590,000)+매입운임(20,000)－매입할인(10,000)

(3) 매출원가 : 기초재고(89,000)+당기매입(600,000)－기말재고(124,000)

재무상태표

부춘(주) 20×1. 12. 31 현재 (단위 : 원)

		금 액			금 액
유동자산			유동부채		
현 금		210,100	매입채무		119,000
매출채권	215,000		미지급급여		18,000
대손충당금	(5,000)	210,000	비유동부채		
재고자산			사 채		100,000
상 품	124,000				
소 모 품	14,000	138,000			
비유동자산			부채총계		₩237,000
도 지		140,000	자 본 금		300,000
건 물	98,000		이익잉여금		
감가상각누계액	(19,600)	78,400	전기이월이익잉여금	260,000	
비 품	70,000		당기순이익	81,500	
감가상각누계액	(28,000)	42,000	현금배당	(60,000)	281,500
			자본총계		₩581,500
자산총계		₩818,500	부채와 자본총계		₩818,500

* 특기사항 :

(1) 재고자산은 상품과 소모품으로 구성됨.

(2) 현금배당은 이익잉여금의 처분이므로 이익잉여금에서 차감.

4-6 기타포괄손익의 회계처리

(1) 20×1. 1. 1 FVOCI자산의 취득시

(차) FVOCI자산	10,000	(대) 현 금	10,000

(2) FVOCI자산평가손익의 인식

〈20×1. 12. 31〉

(차) FVOCI자산	2,000	(대) FVOCI자산평가손익(OCI)*	2,000

〈20×2. 12. 31〉

(차) FVOCI자산	3,000	(대) FVOCI자산평가손익(OCI)	3,000

(3) FVOCI자산의 처분

(차) 현 금	15,000	(대) FVOCI자산	7,500
FVOCI자산평가손익(OCI)	2,500	FVOCI자산처분손익(PL)	10,000

4-7 손익계산서의 작성

(1) 기능별 분류 손익계산서

손익계산서	
선자(주) 제××기 : 20×1. 1. 1부터 20×1. 12. 31까지	
매 출 액	₩925,000
매 출 원 가	(584,000)
매출총이익	341,000
임금과 급여	(110,000)
감가상각비	(46,500)
소 모 품 비	(18,500)
영 업 이 익	166,000
배당금수익	17,000
이 자 비 용	(8,000)
화 재 손 실	(54,000)
법인세비용차감전순이익	121,000
법인세비용	(36,300)
당기순이익	₩84,700
주당순이익	₩141.17

(주) 매출액 및 매출원가계산

매출액＝매출－매출에누리와 환입＝₩930,000－₩5,000＝₩925,000

당기매입＝매입＋매입운임－매입에누리와 환출－매입할인

＝₩600,000＋₩14,000－₩3,000－₩10,000＝₩601,000

매출원가＝기초재고＋당기매입－기말재고

＝₩120,000＋₩601,000－₩137,000＝₩584,000

(2) 성격별 분류 손익계산서

손익계산서	
선자(주) 제××기 : 20×1. 1. 1부터 20×1. 12. 31까지	
매 출 액	₩925,000
재고자산변동	17,000
당 기 매 입	(601,000)
임금과 급여	(110,000)
감가상각비	(46,500)
소 모 품 비	(18,500)
영 업 이 익	166,000
배당금수익	17,000
이 자 비 용	(8,000)
화 재 손 실	(54,000)
법인세비용차감전순이익	₩121,000
법인세비용	(36,300)
당기순이익	₩84,700
주당순이익	₩141.17

4-8 주당손익

(1) 보통주에 귀속되는 계속영업손익과 당기손익의 계산

누적적우선주 배당금 = ₩1,000 × 2,000주 × 3% = ₩60,000

보통주에 귀속되는 계속영업손익 = ₩800,000 − ₩60,000 = ₩740,000

보통주에 귀속되는 당기순손익 = ₩700,000 − ₩60,000 = ₩640,000

(2) 가중평균유통보통주식수의 계산

유통기간	항 목	주식수	유통주식수	유통일수	적 수
1.1 ~ 3.31	기초의 유통주식	2,000	2,000	3개월	6,000
4.1 ~ 9.30	유상증자	400	2,400	6개월	14,400
10.1 ~ 12.31	자기주식 취득	(200)	2,200	3개월	6,600
합 계				12개월	27,000

가중평균유통보통주식수 = 27,000 ÷ 12개월 = 2,250주

기본주당계속영업손익 = ₩740,000 ÷ 2,250주 = ₩329

기본주당당기손익 = ₩640,000 ÷ 2,250주 = ₩284

제5장 재고자산

익힘문제

1. 재고자산의 오류는 매출원가와 당기손익에 어떻게 영향을 미치는가?

"매출원가=기초재고자산+당기순매입-기말재고자산"으로 표현되는 공식을 이용하여 매출원가를 계산한다. 따라서 기말재고자산의 오류는 매출원가와 당기손익에 영향을 미친다. 예를 들어 기말재고자산이 과대계상되었다면 매출원가는 과소계상될 것이다. 매출원가가 과소계상되면 당기손익은 과대계상될 것이다.

2. 제조업의 경우 원재료, 재공품, 완제품 등이 매입, 제조, 판매 과정을 거치면서 변화하는 것을 재무제표에 어떻게 반영하는가를 설명하라.

아직 생산공정에 투입되지 않은 원재료는 원재료계정에 나타나며, 생산공정에 투입되었으나 아직 생산이 완료되지 않은 원재료는 직접노무비 및 제조간접비와 함께 재공품으로 보고한다. 생산과정이 완료된 제품으로서 기말현재 아직 판매되지 않았으면 완제품계정으로 보고한다.

3. 재구매조건부판매는 어떻게 회계처리해야 하는가?

재구매조건부판매는 제품차입(product financing)이라고도 부르는데, 이 거래에서는 제품을 판매하여 자금을 조달하면서 추후 해당 제품을 재구입하겠다는 조건을 명시적 또는 묵시적으로 약속한 거래를 말한다. 예를 들어 갑회사는 을회사에 상품을 양도(판매)하고 미래일정기간 후에 정상적인 가격에 이자를 더한 가격으로 동 상품을 재구매하겠다는 조건을 제시한다. 갑회사는 추후에 동 상품을 을회사로부터 미리 정해진 가격으로 재구입한다. 이와 같은 거래는 실질적으로는 자금의 차입이므로 상품을 갑회사의 장부에서 제거시켜서는 안되며 대신 현금을 차변에 기록하고 차입금을 대변에 기록해야 한다.

4. 선적지인도조건과 도착지인도조건에서 수송중인 상품은 누구의 소유인가? 또 운임은 어떻게 기록되는가?

선적지인도조건은 판매자가 구매자에게 상품을 인도하기 위하여 상품을 선적함과 동시에 소유권과 책임이 판매자로부터 구매자에게 양도되는 조건이다. 이에 반하여 도착지인도조건은 구매자가 지정한 도착지에 상품을 인도하기까지는 판매자가 그 상품에 대하여 소유권과 책임을 가지고 있는 조건이다. 따라서 수송중인 상품(미착품)은 선적지인도조건의 경우에는 구매자의 소유이며, 도착지인도조건의 경우에는 판매자의 소유이다. 또한 수송과정에서 발생한 운임은 선적지인도조건에서는 구매자의 책임이기 때문에 매입운임(transportation-in)이 발생하며 이는 취득원가에 포함해야 한다. 그러나 도착지인도조건에서 발생한 운임은 판매자가 부담하므로 판매운임(transportation-out)이며 판매비에 포함시켜야 한다.

5. 인웅(주)는 재무상태표일 현재 ₩1,000,000의 미착품을 갖고 있다. 이 금액은 매입계정 및 기말재고자산에도 누락되어 있다. 이 금액의 누락은 당기순이익에 어떤 영향을 미치는가? 기업의 재무상태에는 어떤 영향을 미치는가?

"매출원가＝기초재고자산＋당기매입－기말재고자산"으로 측정된다. 따라서 미착품을 당기매입과 기말재고의 계상에 동시에 누락시킬 경우 매출원가에 영향을 미치지 않아서 당기의 손익에 영향을 미치지 않는다. 그러나 기말재고자산의 과소계상으로 재무상태표상의 자산이 과소계상되며, 외상매입금이 기록되지 않아 부채가 과소계상된다. 그러나 순자산(자본)에 미치는 영향은 없다.

6. 정숙(주)는 최근 연차보고서에서 ₩2,000,000 상당의 수탁상품을 갖고 있다고 보고하였다. 정숙(주)는 이 금액을 재무상태표상에 어떻게 보고해야 하는가?

수탁상품은 재무상태표상에 자산으로 보고하여서는 안 된다. 다만 수탁자는 수탁상품을 관리하고 판매할 의무를 가지기 때문에 이를 별도로 메모하여 관리할 필요가 있다. 만약 수탁상품이 판매된 경우에는 현금을 차변에 기록하고 판매대금에서 수탁수수료를 차감한 금액을 수탁채무로 대변에 기록하고 또 수수료수익을 대변에 기록해야 한다.

7. 차입원가란 무엇이며 언제 재고자산의 원가에 포함할 수 있는가?

차입원가(borrowing costs)란 차입금에 대한 이자를 의미한다. 제작에 많은 비용과 긴 기간을 필요로 하는 자산의 경우에는 차입원가도 많이 발생할 것이므로 이들의 제작 또는 구입에 관련된 차입원가는 자산원가에 포함시키는 것이 합리적이다. K-IFRS(제1023호)에 따르면 적격자산(재고자산, 제조설비자산, 전력생산설비, 무형자산, 투자부동산 등으로서 의도된 용도로 사용하거나 판매가능한 상태로 이르게 하는 데 상당한 기간이 필요한 자산)의 취득, 건설 또는 제조와 직접 관련된 차입원가는 당해 자산의 원가의 일부로 자산화해야 한다. 따라서 적격 재고자산이더라도 재고자산의 제조 등에 직접 관련된 차입원가는 재고자산원가에 포함시켜야 하지만, 재고자산의 제조 등에 직접 관련이 없는 기타 차입원가는 발생기간에 비용으로 인식해야 한다. 요약하면, 적격자산 기준과 차입원가의 직접 관련성 기준 두 가지를 모두 충족하는 경우 재고자산원가에 포함하고, 그렇지 않으면 발생하는 기간에 비용처리한다.

8. 고정제조간접원가를 배부하는 기준은 무엇인가?

고정제조간접원가(fixed manufacturing overhead costs)는 공장건물 또는 공장설비의 감가상각비나 공장관리비와 같이 생산량에 관계없이 거의 일정하게 발생하는 제조간접원가를 말한다. 고정제조간접원가는 생산설비의 정상조업도(normal rate of operation)에 기초하여 제품에 배부하며, 실제생산수준이 정상조업도와 유사한 경우에는 실제조업도를 사용할 수 있다. 단위당 고정제조간접원가 배부액은 유휴설비나 비정상적으로 낮은 조업도로 인하여 증가해서는 안 된다. 즉, 재고자산이 비정상적인 간접비의 배부로 인하여 과대계상되어서는 안 되며, 배부되지 않은 고정제조간접원가는 발생한 기간의 비용으로 인식한다. 그러나 비정상적으로 조업도가 높은 경우에는 실제조업도에 기초하여 고정제조간접원가를 배부함으로써 단위당 고정제조간접원가를 감소시켜 재고자산이 실제원가를 반영해야 한다.

9. 제품원가와 기간원가를 비교 설명하라.

제품원가란 재고자산에 포함할 수 있는 원가를 의미하며, 제품(재고자산)으로 기록하였다가 해당 제품이 판매되었을 때 매출원가(비용)로 인식하는 원가를 말한다. 따라서 제조연도에 판매된 경우에는 비용으로 인식되지만 판매되지 않고 기말에 재고자산으로 남아 있으면 비용으로 인식되지 않고 재무상태표에 남아 있게 된다. 기간원가란 지출된 기간의 비용으로 인식되는 원가로서 판매비와 관리비 등이 여기에 해당한다.

제품원가는 매출에 대응하여 인식한다고 하여 직접대응원가라고 하고, 기간원가는 지출된 기간에 비용으로 인식한다고 하여 기간대응 또는 간접대응원가라고 할 수 있다.

10. 계속기록법과 실지재고조사법에서 매출원가를 계산하는 방법을 비교하라.

계속기록법에서는 매출원가라는 계정을 이용하여 매번 판매시마다 판매된 제품이나 상품의 원가에 해당하는 금액을 기록하여 집적시켜 나가는 방법으로 매출원가를 계산한다. 이에 반하여 실지재고조사법에서는 한 회계기간에 한 차례 매출원가 계산공식을 이용하여 매출원가를 계산한다. 매출원가는 "매출원가=기초재고자산+당기순매입−기말재고자산"이라는 공식을 이용하여 계산한다.

11. 재고자산의 평가방법으로서 계속기록법과 실지재고조사법의 차이점은 무엇인가? 만약 어떤 회사가 계속기록법을 사용하고 있다고 할 때, 어느 한 시점에 있어서의 실지재고와 장부상의 재고는 그 금액이 같은가? 그 이유는 무엇인가?

계속기록법(perpetual inventory system)에서는 상품의 구입과 판매(사용)를 재고자산계정에 직접 기입하며 매입계정을 사용하지 않는다. 재고자산의 매입과 판매(사용)가 재고자산에 직접 차기·대기되므로 재고자산계정에 나타나는 잔액이 재고자산의 현재잔액(기말에는 기말재고잔액)이 된다. 이 방법에서는 매출원가계정을 사용하여 매출원가를 누적시켜 나간다.

실지재고조사법(periodic inventory system)에서는 매입계정을 이용하여 상품 등의 구입을 차기하지만 상품 등의 판매(사용)는 매입계정에 대기하지 않는다. 매입계정에 상품의 구입을 기록하고 재고자산계정에 재고자산의 입출을 기록하지 않기 때문에 기초재고가 기말까지 변동되지 않고 남아 있게 된다. 기말에 가서야 재고자산의 실지조사를 통하여 기말재고자산을 측정하고, 이에 따라 재고자산계정이 수정된다. 매출원가는 기말에서야 산출되는데, 이를 계산하는 공식은 '매출원가=기초재고+당기순매입−기말재고'이다. 또한 기말에 가서 마감분개를 통하여 기초재고는 장부상에서 제거하고 기말재고를 설정한다. 실지재고조사법을 이용할 경우 기초재고와 기말재고는 매출원가를 계산하는 데 포함되는 손익항목으로 보아야 하는데, 기말재고는 동시에 재무상태표상에도 나타나는 항목이다.

실지재고와 장부상의 재고는 기록상의 오류, 감모손실, 도난 등의 이유로 다를 수 있다. 계속기록법에서는 이와 같은 장부금액과 실지금액의 차이를 재고자산감모손실로 인식한다.

12. 가중평균원가법과 이동평균원가법의 차이를 설명하라.

평균원가법(average method)에서는 동일 또는 유사한 재고자산을 평균원가로 계산하여 평가한다. 평균원가법은 재고자산을 계속기록법으로 기록하는 경우에는 이동평균원가법(moving-average cost method)이 되고, 실지재고조사법으로 기록하는 경우에는 가중평균원가법(weighted-average cost method)이 된다.

가중평균원가법에서는 판매가능원가(cost of goods available for sale)를 판매가능수량(quantity of goods available for sale)으로 나누어 단위당 가중평균원가를 계산한다. 단위당 가중평균원가에 기말재고수량을 곱하여 기말재고를 구하고 판매수량을 곱하여 매출원가를 구한다. 또한 '판매가능원가=매출원가+기말재고'를 이용하여 판매가능원가에서 기말재고를 차감하여 매출원가를 구한다.

이동평균원가법에서는 재고자산을 새로 구입할 때마다 새로운 단위당 이동평균원가를 계산하여 이를 매판매시마다 판매량에 곱하여 매출원가를 계산하고 잔량에 곱하여 매시점마다 그 시점의 재고를 계산하는 방법이다. 기초재고는 하나의 매입과 같이 계산하면 된다. 판매시에는 바로 직전의 구매시점에 계산된 이동평균단가를 판매수량에 곱하여 판매시마다 매출원가를 계산하여 이를 합산하면 기간 매출원가가 된다. 계속기록법에서는 항상 어느 특정 시점에 존재하는 재고수량이 파악되므로 여기에 단위당 이동평균원가를 곱하면 그 시점의 재고자산이 된다. 기말재고는 기말에 존재하는 재고수량에 그 시점의 단위당 이동평균원가를 곱하여 구한다.

13. 실지재고조사법에서 재고자산 관련계정을 마감하는 대안에 대해 설명하라.

실지재고조사법에서 재고자산 관련계정을 마감하는 방법으로는 다음과 같은 세 가지 대안이 있을 수 있다.

마감분개대상	(제1방법)-집합손익계정	(제2방법)-매입계정	(제3방법)-매출원가계정
기 초 재 고	집 합 손 익 ××× 재고자산(기초) ×××	매 입 ××× 재고자산(기초) ×××	매 출 원 가 ××× 재고자산(기초) ×××
매 입	집 합 손 익 ××× 매 입 ×××	-분개 없음-	매 출 원 가 ××× 매 입 ×××
매입에누리와 환출 및 매입할인	매입에누리·환출 ××× 매 입 할 인 ××× 집 합 손 익 ×××	매입에누리·환출 ××× 매 입 할 인 ××× 매 입 ×××	매입에누리·환출 ××× 매 입 할 인 ××× 매 출 원 가 ×××
기말재고 설정	재고자산(기말) ××× 집 합 손 익 ×××	재고자산(기말) ××× 매 입 ×××	재고자산(기말) ××× 매 출 원 가 ×××
집합손익 대체	-분개 없음-	집 합 손 익 ××× 매 입 ×××	집 합 손 익 ××× 매 출 원 가 ×××

마감하는 방법은 세 가지 중 어느 것을 사용해도 좋으나 제1방법이 가장 간단하다. 제1방법은 차변(대변)잔액을 가진 손익계산서 항목은 모두 집합손익계정에 차기(대기)하고 해당계정에 대기(차기)하는 방식으로 마감분개를 하는 방법이다. 제2방법은 '매출원가=기초재고+순매입-기말재고' 개념을 이용하여 기초재고는 매입에 더하고, 기말재고와 매입에누리와 환출 및 매입할인은 매입에서 차감하면 조정후 매입이 된다. 조정후 매입은 매출원가와 같아지므로 마지막으로 조정후 매입을 집합손익계정에 마감한다.

제3방법도 제2방법과 마찬가지로 '매출원가=기초재고+순매입-기말재고' 개념을 이용한 방법인데 마감분개시에 매출원가라는 계정을 일시적으로 만든 후 다시 이를 집합손익계정에 마감하는 방법이다. 따라서 기초재고와 매입은 매출원가에 더하고 기말재고와 매입에누리와 환출 및 매입할인은 매출원가에서 차감하는 방식으로 일단 매출원가로 대체한다. 마지막으로 매출원가를 집합손익계정에 마감한다. 제3방법의 매출원가계정은 평상시에는 존재하지 않는 계정인데 마감을 위하여 일시적으로 회계기말에 설정하였다가 다시 동 일자로 마감하여 버린다는 점에서 번거로운 점이 있으나, 매출원가를 구분하여 나타낸다는 장점이 있다.

14. 재고자산을 저가 또는 시가로 평가하는 이유는 무엇인가? 이에 대한 논거는 무엇인가?

기본회계처리원칙 중의 하나가 취득원가주의와 수익실현(가득)의 원칙이다. 따라서 재고자산의 보유중에 시가가 변동하더라도 시가변동에 따른 효과를 원칙적으로 인식하지 않으며 판매시(실현시)에 가격변동의 효과를 포함하여 이익을 측정한다. 그러나 가격이 하락하는 경우 보수주의 개념에 근거하여 시가가 원가보다 하락한 경우에는 시가를 적용하여 재고자산을 평가하도록 되어 있다. 원가와 시가 중 낮은 금액을 택하기 때문에 이를 저가주의라고 한다.

한편, 시가로 평가하는 것이 적절하다고 보는 자산으로서 FVPL자산과 FVOCI자산이 있다. 이들은 증권시장 등에서 시가가 알려지거나 추정이 가능한 금융상품으로서 시가정보가 보다 목적적합하며, 표현충실성을 담보할 수 있기 때문에 시가평가가 적절하다고 본다.

15. 재고자산평가에 저가법을 적용하기 위해서 어떤 속성을 시가로 이용해야 하는가?

국제회계기준에서는 저가주의를 적용하기 위한 측정속성으로서 판매가격에서 판매부대비용을 차감한 순실현가능가치(net realizable value)를 사용하도록 요구하고 있다.

보-1. 매출총이익법을 사용하는 중요한 이유는 무엇인가?

재고자산의 실사는 많은 시간과 노력을 필요로 한다. 그러나 목적에 따라 재고자산을 실사하지 않고도 재고자산을 추정할 수 있다면 이를 사용하여도 무방하다. 예컨대 표현충실한 재무보고가 필요한 연차재무보고목적으로는 매출총이익법을 사용할 수 없다. 그러나 중간재무보고(월, 분기 또는 반기재무보고), 손실추정(화재손실, 도난손실, 보험금산정 등) 등을 위하여 필요한 경우에는 매출총이익법을 사용할 수 있다.

보-2. 소매재고법(매출가격환원법)에 대하여 설명하라.

재고자산을 평가하는 데 있어서는 회사가 종사하는 업종 또는 취급상품에 따라 적합한 방법을 이용해야 한다. 금, 은, 피아노, 털코트 등과 같은 소량고가품을 취급하는 경우에는 개별법이 가장 적합하고, 일반적인 경우에는 평균법 또는 선입선출법을 이용하여 평가한다. 그러나 백화점, 체인스토어, 슈퍼마켓 등과 같이 다양하고 값싼 제품을 대량으로 취급하는 경우 제품의 원가를 측정하고, 수송비 등을 개별제품에 배분하고, 시가의 변동을 체크하고, 원가코드를 입력하는 등의 작업을 제품별로 하는 것은 힘들다. 따라서 이와 같은 경우에는 원가에 의한 재고자산의 평가보다는 소매재고법을 이용하는 것이 합리적이라고 할 수 있다.

소매재고법은 다음과 같이 적용한다.

① 기초재고와 당기매입에 대한 원가와 매출가격 정보를 가지고
② 이들로부터 각각 원가와 매출가격으로 측정된 판매가능재고에 근거한 원가율(cost ratio, 원가/매출가격)을 계산하고
③ 매출가격으로 측정된 판매가능재고에서 매출액을 차감하여 매출가격으로 측정된 기말재고를 계산하고
④ 매출가격으로 측정된 기말재고에 원가율을 곱하여 원가로 측정된 기말재고를 산출한다.

III 연습문제

5-1 기말재고오류의 영향

연 도	20×1	20×2	20×3	20×4	20×5	20×6
보고된 순이익	₩250,000	₩260,000	₩270,000	₩280,000	₩290,000	₩300,000
수 정	(25,000)	25,000	35,000	(75,000)	–	(20,000)
		(35,000)	75,000	–	20,000	(50,000)
수정후 순이익	₩225,000	₩250,000	₩380,000	₩205,000	₩310,000	₩230,000

5-2 상품의 매입원가

(₩10,000,000 × 0.85 × 0.98) + ₩450,000 (매입운임과 보험료) = ₩8,780,000

5-3 판매가능원가

판매가능원가 = 매출원가 + 기말재고
= ₩450,000 + ₩260,000 = ₩710,000

5-4 상품매출원가(미착상품 포함)

상품매출원가 = 기초재고 + 당기매입 − 매입환출 + 매입운임 − 기말재고
= ₩125,000 + (₩465,000 + ₩33,000) − ₩8,000 + (₩13,000 + ₩1,500)
− ₩130,000
= ₩499,500

5-5 재구매조건부판매

일 자	형식에 따른 회계처리	실질에 따른 회계처리(K-IFRS)
20×1. 1. 1	현 금 150,000 매 출 150,000	현 금 150,000 차 입 금 150,000
20×1. 4. 1	상 품 160,000 현 금 160,000	차 입 금 150,000 이 자 비 용 10,000 현 금 160,000

5-6 제조원가

(1) 9,000개 생산시 (정상조업도 이용)

① 단위당 제조원가 = ₩250 + ₩450 + ₩120 = ₩820/개

② 기타비용에 포함될 금액 = 제조간접원가 − 제조간접원가 배부액
= ₩1,200,000 − ₩120 × 9,000개 = ₩120,000

(2) 9,900개 생산시 (정상조업도와 유사하기 때문에 실제조업도 이용)

① 단위당 제조원가 = ₩250 + ₩450 + ₩1,200,000 / 9,900개 = ₩821.2/개

② 기타비용에 포함될 금액 : 없음

(3) 11,000개 생산시 (실제조업도 이용)

① 단위당 제조원가 = ₩250 + ₩450 + ₩1,200,000 /11,000개 = ₩809.1/개

② 기타비용에 포함될 금액 : 없음

5-7 당기제품제조원가와 매출원가

제품제조원가 = (₩55,000 + ₩400,000 − ₩65,000) + ₩96,000 − ₩80,000 + ₩220,000
+ ₩330,000 = ₩956,000

매출원가 = ₩50,000(기초제품) + ₩956,000(당기총제조원가) − ₩85,000(기말제품)
= ₩921,000

5-8 계속기록법과 실지재고조사법

	계속기록법			실지재고조사법		
매 입 :	재 고 자 산	90,000		매 입	90,000	
	매 입 채 무		90,000	매 입 채 무		90,000
매입환출 :	매 입 채 무	5,000		매 입 채 무	5,000	
	재 고 자 산		5,000	매 입 환 출		5,000
판 매 :	매 출 채 권	128,000		매 출 채 권	128,000	
	매 출		128,000	매 출		128,000
	매 출 원 가	80,000				
	재 고 자 산		80,000			
기말수정 :	재고자산감모손실	2,500		−분개 없음−		
	재 고 자 산		2,500			

기말마감 :

〈재고자산 관련계정〉	−분개 없음−			기 말 재 고	47,500	
				매 입 환 출	5,000	
				집 합 손 익	82,500	
				기 초 재 고		45,000
				매 입		90,000
〈기타손익 항목계정〉	매 출	128,000		매 출	128,000	
	매 출 원 가		80,000	집 합 손 익		128,000
	재고자산감모손실		2,500			
	집 합 손 익		45,500			

5-9 개별법

판매가능원가 : 400개 × ₩50 + 1,200개 × ₩54 + 600개 × ₩58 = ₩119,600

기말재고 : 200개 × ₩50 + 200개 × ₩54 + 300개 × ₩58 = ₩38,200

20×1년 2/4분기의 매출원가 : ₩119,600 − ₩38,200 = ₩81,400

5-10 재고자산의 가격결정

* 판매가능원가 : (140 × ₩124 + 350 × ₩120 + 160 × ₩128 + 240 × ₩130 + 140 × ₩132 + 100 × ₩135) = ₩143,020

(1) 실지재고조사법

선입선출법 기말재고 : 100 × ₩135 + 110 × ₩132 = ₩28,020

선입선출법 매출원가 : ₩143,020 − ₩28,020 = ₩115,000

가중평균원가법 기말재고 : 210 × ₩126.57* = ₩26,579

* ₩143,020/1,130 = ₩126.57

가중평균원가법 매출원가 920 × ₩126.57* = ₩116,441

(2) 계속기록법

선입선출법 기말재고* : 100 × ₩135 + 110 × ₩132 = ₩28,020

* 선입선출법 기말재고는 실지재고조사법이나 계속기록법이 동일함.

이동평균원가법 기말재고 : ₩27,631(다음 표 참조)

일자	매 입			판매(매출원가)			잔 액		
	수량	단가(₩)	원가(₩)	수량	단가(₩)	원가(₩)	수량	단가(₩)	원가(₩)
6. 1	140	124.0	17,360				140	124.0	17,360
6. 4				100	124.0	12,400	40	124.0	4,960
6. 5	350	120.0	42,000				390	120.4	46,956
6. 8	160	128.0	20,480				550	122.6	67,430
6. 9				280	122.6	34,328	270	122.6	33,102
6.12				120	122.6	14,712	150	122.6	18,390
6.15	240	130.0	31,200				390	127.2	49,608
6.17	140	132.0	18,480				530	128.5	68,105
6.23				240	128.5	30,840	290	128.5	37,265
6.25				180	128.5	23,130	110	128.5	14,135
6.28	100	135.0	13,500				210	131.6	27,636

5-11 재고자산 – 저가주의

정상매출원가 : ₩420,000 + ₩5,300,000 − ₩600,000 = ₩5,120,000

매출원가에 포함되는 기말재고자산 감모손실 및 평가손실 :

₩600,000 − ₩507,000 = ₩93,000

재고자산감모손실 = ₩200 × (3,000개 − 2,600개) = ₩80,000

재고자산평가손실 = ₩93,000 − ₩80,000 = ₩13,000

5-12 재고자산평가손실과 감모손실

실지재고조사법			계속기록법		
재 고 자 산(기말)	4,900 1)		재고자산감모손실	500	
매 출 원 가	7,700 2)		재 고 자 산		500
재고자산감모손실	500 3)				
재 고 자 산(기초)		4,300			
당 기 매 입		8,800			
재고자산평가손실	200 3)		재고자산평가손실	200	
재 고 자 산		200	재 고 자 산		200

[계산 및 분개 설명]

1) 재고자산(기말) = ₩5,400(취득원가) − ₩500(감모손실)
= ₩4,900(평가손실까지 반영하면 기말재고는 ₩4,700이 됨)

2) 매출원가 = ₩13,100(판매가능원가) − ₩5,400(기말재고원가) = ₩7,700

3) 재고자산감모손실 ₩500과 재고자산평가손실 ₩200은 모두 당기비용으로 처리한다.

보-1 매출총이익법

(1) 판매가능원가

(1) 판매가능원가		₩1,050,000
매출(판매가)	₩1,250,000	
매출총이익(매출의 35%)	437,500	
매출(원가)		812,500
기말재고(원가)		₩237,500

(2) 판매가능원가		₩1,050,000
매출(판매가)	₩1,250,000	
매출총이익(원가의 25%)*	250,000	
매출(원가)		1,000,000
기말재고(원가)		₩50,000

* 원가의 25% ⇒ 25% / (100%+25%)=매출의 20%

(3) 판매가능원가		₩1,050,000
매출(판매가)	₩1,250,000	
매출총이익(원가의 60%)*	468,750	
매출(원가)		781,250
기말재고(원가)		₩268,750

* 원가의 60% ⇒ 60% / (100%+60%)=매출의 37.5%

(4) 판매가능원가		₩1,050,000
매출(판매가)	₩1,250,000	
매출총이익(매출의 40%)	500,000	
매출(원가)		750,000
기말재고(원가)		₩300,000

보-2 소매재고법

추정재고손실(판매가)= ₩87,000* − ₩80,000 = ₩7,000

추정재고손실(원가)= ₩7,000 × 0.72** = ₩5,040

* 장부상 기말재고 = ₩77,000 + ₩248,000 − ₩238,000 = ₩87,000

** 원가율=(₩53,900 + ₩180,100) / (₩77,000 + ₩248,000)=72%

제 6 장 유형자산

익힘문제

1. 유형자산의 특징을 간략하게 설명하라.

유형자산의 주요 특징을 살펴보면 아래와 같다.

① 유형자산은 영업활동에 사용하기 위한 것이며, 판매목적으로 취득한 것은 제외된다. 따라서 정상적인 영업활동에 사용되는 자산만 유형자산으로 분류하고 영업용이 아닌 자산은 유형자산으로 분류하여서는 안 된다. 예를 들어 영업용이 아닌 토지나 건물은 투자자산으로 분류해야 하며, 부동산업자 또는 아파트건설업자가 판매용 또는 아파트건축용으로 구입한 토지는 재고자산으로 분류해야 한다.

② 유형자산은 장기성자산이고 감가상각대상인 경우가 일반적이다. 이들은 여러 해에 걸쳐서 기업의 수익창출에 기여한다. 따라서 유형자산의 취득원가는 내용연수에 걸쳐 정기적으로 감가상각을 통하여 배분한다. 토지를 제외한 모든 유형자산은 이와 같은 방법으로 감가상각을 해야 하는 고정자산이다.

③ 유형자산은 물리적 실체(physical substance)를 가지는 자산이다. 유형자산은 실물자산으로서 물리적 형태를 가지고 있으며, 특허권 등과 같은 무형자산과 구분된다. 재고자산은 재판매를 목적으로 보유하고 있는 자산으로서 영업활동에 사용하는 유형자산과는 구분된다.

2. 유형자산의 취득원가는 어떻게 결정하는가?

유형자산의 취득은 취득원가(역사적원가)로 기록해야 한다. 취득원가는 당해 자산을 취득하여 본래의 사용목적에 사용될 수 있는 장소에 설치하고 사용가능한 상태로 만드는 데 소요되는 모든 지출로서 현금 또는 현금등가액으로 측정한다. 취득원가에는 당해 자산의 구입가격뿐만 아니라 운반비, 설치원가,

관세, 시운전원가, 취득과 직접 관련된 부담금 등이 포함된다. 그러나 유형자산의 취득 또는 사용가능한 상태로 준비하는 과정과 직접 관련이 없는 일반관리비나 경비 등은 유형자산의 취득원가에 포함하지 않는다. 또한 기대된 성능을 발휘하기 전에 발생한 유형자산의 조업손실은 당기비용으로 인식한다. 한편, 유형자산의 취득시점 이후에 발생한 증설, 개선, 교체 등의 원가는 이들이 자산의 미래용역잠재력(효용)을 증가시키는 경우에 한하여 취득원가에 가산하고, 용역잠재력을 증가시키지 않는 경우에는 이를 당기의 비용으로 처리한다.

3. 유형자산의 취득과 관련하여 발생한 차입원가는 어떻게 회계처리해야 하는가?

K-IFRS에서는 의도된 용도로 사용하거나 판매가능한 상태에 이르게 하는 데 상당한 기간을 필요로 하는 적격자산(qualifying assets)의 취득과 건설 또는 생산과 직접 관련된 차입원가는 당해 자산원가의 일부로 자본화할 것을 규정하고 있다. 이의 대표적인 예가 바로 유형자산의 취득과 관련하여 발생한 차입원가이다. 따라서 기업이 유형자산의 취득기간중에 발생한 차입원가를 자산의 취득원가로 회계처리해야 한다. 이 경우 유형자산의 취득과 관련된 차입금에서 실제로 발생한 차입원가만 자산의 취득원가로 기록할 수 있다. 즉, 이자지급이 없거나 합리적 이자의 배분이 안 되는 자본조달원가는 취득원가에 포함할 수 없다. 예컨대, 차입금 대신 주식을 발행하여 자금을 조달한 경우에는 차입원가가 발생하지 않기 때문에 배당금을 이자처럼 취급하여 취득원가에 포함할 수는 없다.

차입원가를 자본화하기 위해서는 다음과 같은 절차를 따른다.

① 가중평균자본지출의 계산 : (각 지출액×산입기간)의 기중 합산액

② 가중평균지출액의 배정 : 가중평균지출액을 우선 지정차입금에 배정하고, 가중평균지출액이 지정차입금을 초과하면 일반차입금에 잔액 배정

③ 자본화가능차입원가

=(지정차입금에 배정된 가중평균자본지출×지정차입금이자율)

+(일반차입금에 배정된 가중평균자본지출액×일반차입금의 가중평균이자율)

④ 실제 발생한 차입원가를 한도로 자본화금액을 결정하고, 자본화되지 않는 차입원가는 이자비용으로 처리

이때 지정차입금의 일시운용에서 수익이 발생하는 경우에는 일시운용수익을 지정차입금의 차입원가에서 차감한다.

4. 무상 또는 현물출자로 취득한 유형자산의 취득원가는 어떻게 결정하는가?

해당 자산의 공정가치를 취득원가로 결정한다.

5. 비화폐성자산의 교환으로 취득한 자산의 취득원가의 결정기준은 무엇인가?

비화폐성자산의 교환은 그 교환거래가 상업적 실질이 있느냐 없느냐에 따라 다음과 같이 다르게 회계처리한다.

상업적 실질이 있는 비화폐성자산의 교환으로 취득한 자산의 취득원가는 구자산의 수익창출과정이 종료되었다고 보아 신규로 취득한 자산의 공정가치로 기록하고 구자산의 처분손익을 전액 인식한다.

상업적 실질이 없는 비화폐성자산의 교환으로 취득한 자산의 취득원가는 구자산의 수익창출과정이 아직도 진행중이라고 보아 구자산의 장부금액을 기준으로 기록한다.

6. 다음과 같은 항목은 정상적으로 유형자산의 회계에서 어떤 방법으로 처리해야 하는가?

(1) 증 설	(2) 대규모수선	(3) 개선과 교체

일반적으로 유형자산의 보유기간중의 지출은 그 지출이 유형자산의 미래효익을 개선시키는가 아니면 단순히 유지시키는가에 따라 구분하여 회계처리한다. 유형자산에 대한 지출이 미래효익을 개선시키는 경우(내용연수의 증가, 생산능력의 증대, 원가절감이나 품질향상)에는 자본적 지출로 하여 자산의 장부금액을 증가시키는 회계처리를 하며, 기존의 유형자산의 미래효익을 유지시키는 지출은 수익적 지출로 하여 당기비용으로 처리한다.

이와 같은 기준에 따라 (1) 증설은 자본적 지출로 회계처리하고, (3) 개선과 교체는 미래효익의 증가여부를 판단하여 자본적 지출 또는 수익적 지출로 회계처리하면 된다. 그러나 개선 및 교체는 미래효익을 증가하기 위한 목적이기 때문에 자본적 지출로 회계처리하는 경우가 일반적이다. 한편 (2) 대규모수선의 경우는 본질은 본래의 자산의 용역잠재력을 유지하는 것이 주목적이지만 그 금액이 커서 당기손익에 미치는 영향이 크기 때문에 해당 지출을 별개의 감가상각대상자산으로 인식하여 감가상각할 수 있으며, 자산성과 측정가능성이라는 인식조건을 충족하는 경우 자산적 지출로 회계처리할 수 있다.

7. 지출은 일반적으로 자본적 지출과 수익적 지출 두 가지 범주로 나눌 수 있다.

(1) 두 범주의 차이점과 회계처리방법의 상이점을 설명하라.

유형자산의 보유기간중의 지출은 해당 유형자산의 용역잠재력(미래 경제적 효익)을 증가하였는가 또는 유지에 그쳤는가에 따라 회계처리를 달리한다. 해당 지출이 유형자산의 미래 경제적 효익을 증가시켰다고 볼 수 있는 지출은 자본적 지출로 하여 자산으로 처리하고, 용역잠재력의 유지에 그쳤다고 볼 수 있는 지출은 수익적 지출로 하여 당기의 비용으로 처리한다.

(2) 자본적 · 수익적 지출을 잘못 분류함으로 인하여 현재 및 미래의 재무상태표와 손익계산서에 미치게 되는 영향을 설명하라.

자본적 지출을 수익적 지출로 잘못 분류하는 경우 자산이 과소계상되고 당기의 비용이 과대계상될 것이다. 그 결과 자본이 과소계상될 것이다. 따라서 손익계산서의 비용이 과대계상되어 당기순이익이 과소계상되고, 재무상태표의 자산과 자본이 과소계상된다. 반대로 수익적 지출을 자본적 지출로 분류하는 경우 자산이 과대계상되고, 비용이 과소계상될 것이다. 그 결과 손익계산서의 당기순이익이 과대계상되고, 재무상태표의 자산과 자본이 과대계상될 것이다.

(3) 위와 같이 두 가지 일반적 범주로 지출을 구분하는 지침을 마련하기 위하여 어떤 기준이 사용되는가?

미래 경제적 효익(용역잠재력)의 증가 여부

8. 경제적 내용연수와 물리적 내용연수를 비교 설명하라.

내용연수(useful life)는 경제적 내용연수와 물리적 내용연수로 구분할 수 있다. 경제적 내용연수(economic life)는 유형자산이 제공하는 효익이 이를 사용하는데 필요한 비용보다 큰 경우에 한하여 해당 유형자산을 이용할 수 있다는 개념에 근거하고 있으나, 물리적 내용연수는 경제성을 불문하고 물리적으로 사용가능한 연수를 말한다. 따라서 경제적 내용연수는 물리적 내용연수보다 짧으며, 회계학에서 말하는 내용연수는 경제적 내용연수를 의미한다.

9. 감가상각비를 계산하기 위한 기본적인 요소들은 무엇인가?

감가상각비를 계산하는 데 사용하는 기본적인 요소들에는 (1) 감가상각대상금액(취득원가－추정잔존가치), (2) 내용연수 및 (3) 상각방법이 있다.

10. 균등상각법에는 어떤 것들이 있으며 균등상각법의 장점과 단점은 무엇인가?

균등상각법이란 일정한 기준단위당 감가상각액이 같은 방법을 의미한다. 여기에는 기간마다 동일한 감가상각을 반영하는 정액법, 생산단위마다 동일한 감가상각을 반영하는 생산량비례법, 사용시간마다 동일한 감가상각을 반영하는 사용시간비례법 등이 있다. 균등상각법의 장점은 기준단위당 감가상각액이 같기 때문에 객관적인 방법이라는 점이다. 그러나 균등상각법은 유형자산의 초기에는 생산성이 높고 수리비는 적게 드는 반면 후기로 갈수록 생산성은 낮고 수리비가 많이 든다는 사실을 간과하고 있다. 따라서 균등상각법에서는 유형자산 관련 총비용이라고 할 수 있는 감가상각비와 수리비의 합계액이 점증하게 된다는 한계점을 갖는다.

11. 체감상각법의 종류를 들고 공통점과 차이점을 비교하라.

체감상각법은 유형자산의 내용연수 초기에는 감가상각비를 많이 반영하고, 후기로 갈수록 적게 반영하는 방법이다. 체감상각법에는 정률법, 연수합계법, 이중체감잔액법 등이 있다. 이 세 가지 방법은 체감상각법이라는 점에서 동일하다. 그러나 구체적인 적용방법이 다르다. 정률법에서는 정률법상각률(1－잔존가치율$^{1/n}$)을 구한 후 여기에 기초장부금액을 곱하여 연간 감가상각비를 구한다. 연수합계법에서는 감가상각대상금액(취득원가－추정잔존가치)을 연수합계법상각률(잔여내용연수/연수합계)에 곱하여 감가상각비를 구한다. 이중체감잔액법에서는 상각률을 정액법 상각률의 2배로 하여 여기에 기초장부금액을 곱하여 연간감가상각비를 구한다.

보-1. 유형자산의 평가모형으로서 원가모형과 재평가모형을 비교하여 설명하라.

K-IFRS(제1016호)에서는 유형자산의 취득시점에는 취득원가로 측정하지만 취득 이후에는 원가모형이나 재평가모형이 장단점을 갖고 있다는 점을 감안하여 두 모형 중 하나를 선택하여 평가할 수 있도록 하고 있다.

원가모형(cost model)이란 전통적인 회계처리방법으로서 유형자산을 최초 취득시에 취득원가로 인식한 이후 재평가를 허용하지 않는 방법이다.

반면, 재평가모형(revaluation model)이란 취득원가로 유형자산을 최초에 인식한 이후 공정가치를 신뢰성 있게 측정할 수 있는 경우에는 재평가일에 유형자산을 재평가하고, 재평가일의 공정가치에서 이후의 감가상각누계액과 손상차손누계액을 차감한 재평가금액을 장부금액으로 표시하는 방법이다.

회사는 유형자산의 취득 이후에는 원가모형이나 재평가모형 중 하나를 회계정책으로 선택하되 반드시 유형자산 분류별로 동일하게 적용해야 한다. 이는 자산을 선택적으로 재평가하거나 재무제표에서 서로 다른 기준일의 취득원가나 공정가치가 혼재되는 금액으로 보고하는 것을 방지하기 위해서이다. 그러나 재평가가 단기간에 수행되며 계속적으로 갱신된다면 동일한 분류에 속하는 자산은 순차적으로 재평가할 수 있다.

보-2. 유형자산의 공정가치 측정에서 최고최선의 사용이란 무엇을 의미하는가?

유형자산의 공정가치를 평가함에 있어서는 자산의 경제적 효익을 창출하기 위하여 그 자산을 최고최선으로 사용(highest and best use)한다는 것을 전제로 한다. 최고최선의 사용을 판단할 때에는 물리적 사용가능성(예 : 자산의 위치 또는 크기), 법적 사용가능성(예 : 부동산에 적용될 수 있는 구획정비 규정), 재무적 사용가능성(수익 및 현금흐름)을 고려해야 한다. 일반적으로 유형자산의 공정가치는 다른 합당한 근거가 없는 한 현재의 사용이 최고최선의 사용인 것으로 간주하여 측정한다.

보-3. 상각후현행원가법이란 무엇인가?

상각후현행원가법(depreciated replacement cost method)이란 현재시점의 공정가치로 유형자산을 취득하였다고 가정하고, 여기에 내용연수 및 잔존가치를 적용하여 감가상각을 사후적으로 반영하여 장부금액을 계산하는 방법이다.

예컨대, 20×1. 1. 1 ₩50,000에 취득한 설비자산이 내용연수는 5년이고 잔존가치는 없으며 감가상각방법은 정액법을 채택하고 있다고 하자. 이 설비자산을 재평가모형에 따라서 측정하는데, 20×2. 12. 31 현재 현행원가가 ₩80,000이라면 다음과 같이 상각후현행원가를 구할 수 있다.

(1) 재평가 전 20×2. 12. 31의 장부금액 :
 취득원가(₩50,000) − 감가상각누계액(₩50,000 × 2/5 = ₩20,000) = ₩30,000

(2) 상각후현행원가법에 의한 새로운 장부금액 :
 현행원가(₩80,000) − 감가상각누계액(₩80,000 × 2/5 = ₩32,000) = ₩48,000
 재평가로 인하여 장부금액의 증가 : ₩48,000 − ₩30,000 = ₩18,000

보-4. 재평가잉여금을 기록하는 두 가지 방법에 대해 간략하게 설명하라.

재평가잉여금을 기록하는 방법은 다음 두 가지가 모두 가능하다.

① 기존의 감가상각누계액을 수정하는 방법 :

(차) 감가상각누계액	×××	(대) 재평가잉여금 (기타포괄손익)	×××

② 자산의 장부금액과 감가상각누계액을 비례적으로 수정하는 방법 :

(차) 설 비 자 산	×××	(대) 감가상각누계액	×××
		재평가잉여금 (기타포괄손익)	×××

보-5. 재평가잉여금이 FVOCI자산평가손익 등 다른 기타포괄손익과 다른 점은 무엇인가?

재평가잉여금과 다른 기타포괄손익은 자산의 보유기간중 평가손익이 발생하였으나 아직 처분되거나 손상차손이 발생하지 않아 실현되지 않은 평가손익이라는 점에서 공통점을 갖는다. 그러나 일부 FVOCI자산평가손익 등은 해당 자산이 처분되거나 손상차손이 발생하였을 경우 당기손익으로 재분류하지만, 재평가잉여금은 당기손익으로 재분류되지 않는다는 차이점을 갖는다. 자산이 폐기되거나 제거될 때에는 해당 자산과 관련해서 자본에 계상된 재평가잉여금은 이익잉여금으로 대체할 수 있다. 이 경우에는 해당 자산과 관련해서 계상된 재평가잉여금을 전액 이익잉여금으로 대체해야 하며 일부만을 이익잉여금으로 대체할 수는 없다. 재평가잉여금을 이익잉여금으로 대체하는 경우에는 이를 당기손익에 반영하지 않는다.

보-6. 어떤 장비의 가치가 영구적으로 손상되었을 때, 영구적 손상에 대한 기록과 보고방법에 대하여 설명하라.

K-IFRS(제1036호)에서는 유형자산의 진부화 또는 시장가치의 급격한 하락 등으로 인하여 유형자산의 미래 경제적 효익이 장부금액에 현저하게 미달할 가능성이 있는 경우에는 손상차손을 인식하도록 요구하고 있다. 즉, 자산의 진부화, 물리적 손상 및 시장가치의 급격한 하락 등으로 당해 유형자산의 사용 및 처분으로부터 기대되는 회수가능액(recoverable amount)이 장부금액에 미달하는 경우에는 회수가능액을 장부금액으로 하고 그 차액을 손상차손으로 처리하도록 되어 있다. 또한 감액한 자산의 회수가능액이 차기 이후에 장부금액을 초과하는 경우에는 당해 자산이 감액되기 전의 장부금액의 감가상각 후 잔액을 한도로 손상차손환입과목으로 하여 당기이익으로 처리한다.

보-7. 손상차손은 언제 인식해야 하는가?

손상차손은 자산이나 현금창출단위의 손상검사 결과 회수가능액(recoverable amount)이 장부금액보다 낮을 때 인식한다. 회수가능액은 순공정가치와 사용가치 중 큰 금액을 의미한다. 순공정가치(net fair value)는 합리적 판단력과 거래의사가 있는 독립적 당사자간에 자산 또는 현금창출단위의 매각으로부터 수취할 수 있는 금액에서 처분비용을 차감한 금액을 의미한다. 사용가치(value in use)는 자산 또는 현금창출단위에서 창출될 것으로 기대되는 미래현금흐름의 현재가치를 의미한다.

III 연습문제

6-1 토지와 건물의 취득원가

토지의 취득원가 :

₩60,000(토지구입원가)+₩2,000(토지구입법률비용)+₩5,000(구건물철거비) −₩3,000(잡수입)=₩64,000

건물의 취득원가 :

₩350,000(건물공사도급금액)+₩8,000(건축설계 수수료)=₩358,000

6-2 유형자산의 취득원가

취득원가

=매입가격(₩125,000)+취득세와 등록세(₩20,000)+수리비(₩10,000)

=₩155,000

6-3 차입원가의 자본화

〈지정차입금의 차입 : 20×1. 1. 1〉

(차)	현 금	1,000,000	(대)	차 입 금	1,000,000

〈공사대금 지급시 : 20×1. 1. 1〉

(차)	건설중인자산	500,000	(대)	현 금	500,000

〈공사대금 지급시 : 20×1. 7. 1〉

(차)	건설중인자산	500,000	(대)	현 금	500,000

〈공사대금 지급시 : 20×1. 12. 31〉

(차)	건설중인자산	500,000	(대)	현 금	500,000

〈지정차입금 이자지급 및 차입원가의 자본화 : 20×1. 12. 31〉

(차)	건설중인자산	75,000*	(대)	현 금	100,000
	이 자 비 용	25,000*			

* ① 가중평균자본지출액=₩500,000×(12/12+6/12+0/12)=₩750,000
② 가중평균자본지출액의 배정 : 가중평균자본지출액(₩750,000)이 지정차입금(₩1,000,000)보다 작으므로 가중평균자본지출액 전액을 지정차입금에 배정한다.
③ 자본화가능차입원가=₩750,000×10%=₩75,000

④ 자본화할 차입원가(₩75,0000)가 실제 발생한 차입원가(₩100,000)의 범위 내에 있으므로 ₩75,000을 자본화하고, 나머지 차입원가 ₩25,000은 이자비용으로 회계처리한다.

〈건설중인자산의 건물대체 : 20×1. 12. 31〉

(차)	건 물	1,575,000	(대) 건설중인자산	1,575,000

6-4 현금할인조건 유형자산의 취득원가

〈20×1. 3. 1〉

(차)	기 계	50,000	(대) 미 지 급 금	50,000

〈20×1. 3. 20〉

(차)	미 지 급 금	50,000	(대) 현 금	49,000
			기 계	1,000

6-5 이연지급계약에 의한 유형자산의 취득원가

〈현재가치 계산 및 상각〉

- 현재가치의 계산 : ₩20,000×2.6730(3년, 6%)=₩53,460
- 〈현재가치할인차금상각표〉 유효이자율법

시 점	현재가치할인 차금상각액(a)	미상각현재가치 할인차금(b)	할부금지급전 장부금액(c)	할부금지급후 장부금액(d)
취득시		₩6,540	₩53,460	₩53,460
1차년도말	₩3,208	3,332	56,668	36,668
2차년도말	2,200	1,132	38,868	18,868
3차년도말	1,132	0	20,000	0
합 계	₩6,540			

(a) [전기의 (d)]×6%　　(b) [전기의 (b)]−(a)

(c) 잔여액면금액−(b)　　(d) (c)−₩20,000

〈분 개〉

1) 취득시의 분개

(차)	기 계	53,460	(대) 장기미지급금	60,000
	현재가치할인차금	6,540		

2) 1차년도말의 분개

(차)	이 자 비 용	3,208	(대) 현재가치할인차금	3,208
	장기미지급금	20,000	현 금	20,000

6-6 일괄구입에 의한 유형자산의 취득원가

자 산	공정가치	상대적 공정가치		일괄구입원가		배분 취득원가
기계장치	₩87,000	87/580	×	₩500,000	=	₩75,000
토 지	232,000	232/580	×	500,000	=	200,000
건 물	261,000	261/580	×	500,000	=	225,000
	₩580,000					₩500,000

6-7 비화폐성자산의 교환 (1)

구형 소나타승용차의 장부금액 : ₩7,000 − ₩4,000 = ₩3,000
교환이익 : ₩4,000 − ₩3,000 = ₩1,000

교환은 상업적 실질이 있는 교환은 처분손익을 인식하고, 상업적 실질이 없는 교환은 처분손익을 인식하지 않는다.

(1) 교환이익을 인식하는 경우(상업적 실질이 있는 경우)

(차) 차량운반구(신)	11,000	(대) 차량운반구(구)	7,000
감가상각누계액	4,000	현 금	7,000
		유형자산처분이익	1,000

(2) 교환이익을 인식하지 않는 경우(상업적 실질이 없는 경우)

(차) 차량운반구(신)	10,000	(대) 차량운반구(구)	7,000
감가상각누계액	4,000	현 금	7,000

6-8 비화폐성자산의 교환 (2)

중장비트럭의 장부금액 = ₩54,000 × 2/3 =	₩36,000
공정가치(인정액) = ₩65,000 − ₩35,000 =	30,000
손 실	₩6,000

〈분 개〉

(차) 감가상각누계액	18,000	(대) 중장비트럭	54,000
크 레 인	65,000	현 금	35,000
유형자산처분손실	6,000		

6-9 감가상각

20×1년 기초감가상각누계액(₩370,000 − ₩50,000) ₩320,000
20×2년 기초감가상각누계액(₩400,000 − ₩55,000) ₩345,000
장부상 제거된 감가상각누계액 : ₩345,000 − ₩320,000 = ₩25,000

6-10 내용연수의 변경

(1) 국제회계기준에서 추정내용연수의 변경은 전진법으로 처리하므로 전년도 감가상각에 대한 정정분개는 불필요

(2) 20×7년 이전 매년 감가상각비 (₩50,000 − ₩8,000)/7 ₩6,000
감가상각누계액 (₩6,000 × 5) ₩30,000
20×7년 장부금액 (₩50,000 − ₩30,000) ₩20,000
감가상각기준액 (₩20,000 − ₩3,500) ₩16,500
20×7년부터 매년 감가상각비 (₩16,500/5) ₩3,300

(차) 감가상각비 3,300 (대) 감가상각누계액 3,300

6-11 감가상각방법 및 추정내용연수의 변경

(1) 회계추정의 변경-전진법으로 처리
감가상각비의 계산
1년째 ₩400,000 × 0.1 = ₩40,000
2년째 (₩400,000 − ₩40,000) × 0.1 = ₩36,000
회계변경-3년째

$$(₩400,000 - ₩40,000 - ₩36,000) \times \frac{1}{18} = ₩18,000$$

(차) 감가상각비 18,000 (대) 감가상각누계액 18,000

(2) 회계추정의 변경-전진법으로 처리
(차) 감가상각비 14,400 (대) 감가상각누계액 14,400*

* 3년도초 기초장부금액 : ₩400,000 − ₩40,000 = ₩360,000
당기 감가상각비 : ₩360,000 ÷ 잔존내용연수(25년) = ₩14,400

6-12 유형자산의 처분 (1)

비품의 장부금액 :	₩288,000
받을어음의 현재가치(₩360,000×0.7513) :	270,468
비품의 처분손실	₩17,532

⇒ 수입이자 : ₩270,468×10%=₩27,047

⇒ 처분손실 : ₩17,532 수입이자 : ₩27,047

6-13 유형자산의 처분 (2)

기 간	기초장부금액	상각률	감가상각비	감가상각누계액
1차년도 (20×1.7.1~20×2.6.30)	₩4,000,000	0.369	₩1,476,000	₩1,476,000
2차년도 (20×2.7.1~20×3.6.30)	2,524,000	0.369	931,356	2,407,356

20×3. 6. 30 처분가액 :	₩1,500,000
20×3. 6. 30 장부금액(₩4,000,000－₩2,407,356) :	1,592,644
유형자산처분손실 :	₩92,644

보-1 상각후현행원가법에 의한 공정가치의 결정

라이(주)의 재평가 전 20×2. 12. 31의 장부금액 :

취득원가(₩100,000)－감가상각누계액(₩100,000×2/10=₩20,000)=₩80,000

상각후현행원가법에 의한 새로운 장부금액 :

현행원가(₩150,000)－감가상각누계액(₩150,000×2/10=₩30,000)=₩120,000

재평가로 인하여 장부금액의 증가 : ₩120,000－₩80,000=₩40,000

보-2 유형자산의 재평가

1) 〈20×1. 1. 1〉 기계의 취득

(차) 기 계	3,000,000	(대) 현 금	3,000,000

2) 〈20×2. 12. 31〉 감가상각비의 계산과 재평가 실시

(차) 감가상각비	600,000	(대) 감가상각누계액	600,000

* 기계의 감가상각비=₩3,000,000÷5=₩600,000

(차) 감가상각누계액 120,000 (대) 자산재평가이익 120,000

* 재평가차액 = 공정가치 − 장부금액 = ₩2,520,000 − (₩3,000,000 − ₩600,000) = ₩120,000

(차) 감가상각비 630,000 (대) 감가상각누계액 630,000

* 감가상각비 = (₩3,000,000 − ₩600,000 + ₩120,000) ÷ 4 = ₩630,000
새 장부금액 = ₩2,520,000 − ₩630,000 = ₩1,890,000

(차) 자산재평가이익 70,000 (대) 기 계 70,000

* 기계의 자산재평가손실이 발생하면 먼저 기타포괄손익 항목인 자산재평가이익의 잔액이 있으면 이를 먼저 상계시킨다.
재평가차액 = ₩1,820,000 − ₩1,890,000 = △ ₩70,000

보-3 유형자산의 손상차손

〈20×2. 12. 31(손상차손의 인식)의 분개〉

(차) 손 상 차 손 13,000* (대) 손상차손누계액 13,000

* 손상차손 = (₩80,000 − ₩8,000 × 2년) − ₩51,000 = ₩13,000

〈20×3. 12. 31(손상차손 후의 감가상각)의 분개〉

(차) 감가상각비 6,375 (대) 감가상각누계액 6,375

* 감가상각비 = ₩51,000/8년 = ₩6,375

〈20×4. 12. 31(손상차손환입의 인식)의 분개〉

(차) 감가상각비 6,375 (대) 감가상각누계액 6,375

(차) 손상차손누계액 9,750* (대) 손상차손환입 9,750

* 손상차손환입액 = 손상차손 전 장부금액의 상각후 금액 − 손상차손환입 전 장부금액
= (₩80,000 − ₩8,000 × 4년) − (₩51,000 − ₩6,375 × 2년)
= ₩48,000 − ₩38,250 = ₩9,750

보-4 유형자산의 손상차손환입

20×1. 12. 31 장부금액[₩200,000 − (₩200,000 − ₩0)/5]	₩160,000
20×1. 12. 31 회수가능액 :	100,000
유형자산손상차손 :	₩60,000
20×2. 12. 31 장부금액[₩100,000 − (₩100,000 − ₩0)/4]	₩75,000
감액이 되지 않았을 때의 장부금액	
[₩200,000 − (₩200,000 − ₩0) × 2/5]	120,000
손상차손환입 :	₩45,000

제 7 장 무형자산

익힘문제

1. 무형자산의 주요 특성은 무엇인가?

무형자산은 물리적 실체는 없지만 ① 식별가능한 비화폐성자산으로 정의된다. 무형자산은 물리적 실체가 없으므로 ② 기업이 통제하고 있는지를 확인하는 것이 필요하며, 그 특성상 ③ 미래 경제적 효익의 창출능력에 높은 불확실성이 있다.

1) 식별가능성

식별가능성(identifiability)은 자산의 분리가능성 여부와 계약상 또는 법적 권리 여부에 의해 판단할 수 있다. 즉, 자산이 다음 두 가지 요건 중 하나를 충족하면 식별가능한 자산이라고 본다.

① 분리가능성 : 기업에서 분리하거나 분할할 수 있고, 개별적으로 또는 관련된 계약, 자산이나 부채와 함께 매각, 이전, 라이선스, 임대, 교환할 수 있다.

② 계약상 권리 또는 기타 법적 권리 : 자산이 권리 또는 기타 법적 권리로부터 발생한다.

2) 특정 회계실체에 의한 통제

자산으로 인정되려면 특정 기업이 통제하고 있어야 한다. "특정 기업이 무형자산을 통제(control)하고 있다"는 것은 당해 기업만이 해당 무형자산으로부터의 미래 경제적 효익을 확보할 수 있고, 그 효익에 대한 제3자의 접근을 제한할 수 있다는 의미이다. 무형자산의 미래 경제적 효익에 대한 통제는 일반적으로 법적 권리로부터 나오며, 법적 권리가 없는 경우에는 통제를 입증하기 어렵다. 그러나 권리의 법적 집행가능성이 통제의 필요조건은 아니다.

3) 미래 경제적 효익

무형자산의 미래 경제적 효익(future economic benefits)은 재화의 매출이나 용역수익, 원가절감, 또는 자산의 사용에 따른 기타 효익의 형태로 발생한다. 예를 들면, 제조과정에서 무형자산인 지적재산을 사용하면 미래 제조원가를 감소시킬 수 있고, 새로운 제품을 생산하여 미래의 수익을 증가시킬 수 있다. 그런데 무형자산은 자산의 특성상 미래 경제적 효익의 창출에 높은 불확실성이 있다. 왜냐하면 ① 무형자산은 대부분 특정 기업에 대해서만 가치가 있고, ② 내용연수를 결정하기가 어려우며, ③ 그 가치가 상대적 경쟁력에 의하여 좌우되므로 가치의 변동이 심하기 때문이다.

2. 분리가능성에 따라 무형자산은 어떻게 크게 구분하는가?

분리가능성은 식별가능성과 사실상 같은 의미이다. 무형자산은 분리가능성에 따라 개별적으로 식별가능한 무형자산과 개별적으로 식별이 불가능하여 분리하여 거래할 수 없는 영업권으로 구분한다.

3. 내부창출무형자산과 내부창출영업권은 어떻게 다른가?

무형자산은 원칙적으로 외부에서 구입한 경우에 이를 자산으로 인식한다. 따라서 특수한 경우를 제외하고는 내부창출무형자산은 인식하지 않는다. 내부창출무형자산은 연구개발활동의 결과 식별가능하고 자산성이 높은 무형자산이 창출되었다고 확신할 수 있을 때에 한하여 무형자산으로 인식한다. 좀더 구체적으로는 연구개발활동을 연구단계와 개발단계로 나누어 연구단계에서 발생한 연구비용은 모두 비용처리하고, 개발단계에서 발생한 지출 중 자산성을 갖추었다고 인정된 부분에 한하여 제한적으로 개발비라는 무형자산으로 인식할 수 있다. 이때 개발비라는 무형자산으로 인식하기 위하여서는 ① 기술적 실현가능성, ② 사용 및 판매의도 및 그러한 실현가능성, ③ 미래 경제적 효익의 창출방법 제시, ④ 무형자산의 완성에 필요한 기술적, 금전적 자원의 확보, ⑤ 무형자산과 관련된 지출의 신뢰성 있는 측정 등의 조건을 모두 충족해야만 한다.

한편, 내부창출영업권이란 고정고객, 고객충성도, 시장점유율 등과 같이 무형의 가치를 갖는 항목들을 평가하여 자산으로 기록할 수 있느냐의 문제이다. 이들이 가치를 갖는다고 생각할 수 있더라도 이들은 자산인식기준을 충족하지 못하기 때문에 자산으로 인식할 수 없다는 것이 회계기준의 입장이다.

4. 식별가능 무형자산의 인식요건은 무엇인가?

식별가능 무형자산을 인식하기 위해서는 다음 인식요건을 모두 충족시켜야 한다.

① 무형자산의 정의를 충족하고,
② 자산에서 발생하는 미래 경제적 효익이 기업에 유입될 가능성이 높아야 (probable) 하고,
③ 자산의 취득원가를 신뢰성 있게 측정할 수 있어야 한다.

5. 무형자산의 내용연수와 회계처리는 어떤 관계에 있는가?

무형자산은 유한내용연수(finite useful life)를 갖는가 또는 비한정내용연수 (indefinite useful life)를 갖는가에 따라 회계처리가 크게 다르다. 유한내용연수를 가지는 경우 내용연수에 걸쳐 무형자산의 취득원가를 상각하여 비용으로 처리한다. 그러나 비한정내용연수를 가지는 경우 상각을 하지 않고, 매년 또는 손상이 발생한 징후가 있다고 판단되는 경우 손상차손검사를 실시하여 손상이 발생하였다고 판단되면 손상차손을 인식해야 한다.

6. 비한정내용연수를 가진 무형자산의 상각은 가능한가?

비한정내용연수(indefinite life)를 가진 무형자산은 상각을 하지 않고 자산손상검사를 통하여 자산손상이 발생하였을 때에만 손상차손을 인식해야 한다. 이러한 종류의 무형자산은 내용연수가 아주 장기이기 때문에 자산손상이 발생하기 전에는 임의의 기간에 걸쳐 상각을 하는 것은 의미가 약하기 때문이다.

7. 무형자산의 내용연수를 결정할 때 고려해야 할 요인으로 어떤 것들이 있는가?

무형자산의 내용연수를 결정할 때에는 무형자산의 성격을 가지고 구분한다. 일반적으로 상표, 의장등록 등과 같은 무형자산은 유의적인 원가가 없이 갱신될 수 있는 것으로 보아 비한정내용연수를 갖는 무형자산으로 분류한다. 이에 반해 특허권, 저작권과 같은 무형자산은 상대적으로 유의적인 원가가 없이 갱신할 수 있는 성격이 아니라고 보아 한정내용연수를 갖는 무형자산으로 분류한다. 그러나 이런 분류가 항상 전형적인 것은 아니며 상황에 따라 다를 수 있기 때문에 경영자는 해당 무형자산이 한정내용연수를 갖는지 또는 비한정내용연수를 갖는지를 다음을 포함한 여러 가지 요소를 종합하여 판단해야 한다.

① 기업이 예상하는 해당 자산의 사용방식과 동 자산이 다른 경영진에 의하여 효율적으로 관리될 수 있는지 여부
② 해당 자산의 전형적인 제품수명주기와 유사한 방식으로 사용되는 유사

한 자산들의 내용연수 추정치에 대한 정보

③ 기술적, 공학적, 상업적 또는 기타 유형의 진부화

④ 해당 자산이 운용되는 산업의 안정성과 해당 자산으로부터 산출되는 제품이나 용역의 시장 수요변화

⑤ 기존 또는 잠재적인 경쟁자의 예상전략

⑥ 예상되는 미래 경제적 효익의 획득에 필요한 해당 자산 유지비용의 수준과 그 수준에 도달할 수 있는 능력과 의도

⑦ 해당 자산의 통제가능 기간과 해당 자산의 사용에 대한 법적 또는 이와 유사한 제한

⑧ 해당 자산의 내용연수가 다른 자산의 내용연수에 의해 결정되는지의 여부

8. 무형자산의 상각기간과 상각방법의 변경은 어떻게 회계처리해야 하는가?

내용연수가 유한한 무형자산의 상각기간과 상각방법은 적어도 매 회계연도말에 그 적정성을 검토해야 한다. 만약, 자산의 예상 내용연수가 과거의 추정치와 다르다면 상각기간을 변동하고, 자산의 미래 경제적 효익의 예상소비형태가 변동된다면 상각방법을 변동한다. 이러한 상각기간과 상각방법의 변경은 회계추정의 변경(changes in accounting estimates)으로 보아 전진법(prospective method)을 적용하여 회계처리한다.

9. 사업결합으로 취득한 무형자산은 어떻게 인식해야 하는가?

개별적으로 식별가능하여 다른 자산과 분리하여 거래될 수 있는 무형자산에는 산업재산권(특허권, 상표권 등), 저작권, 프랜차이즈, 라이선스, 광업권, 어업권 등이 있다. 이와 같이 개별적으로 식별가능한 무형자산이 사업결합을 통하여 다른 자산과 함께 취득될 수도 있다. 개별적으로 식별가능한 무형자산은 영업권과 분리하여 별도의 무형자산으로 인식해야 한다.

10. 사업결합으로 취득한 진행중인 연구개발프로젝트의 회계처리는 어떻게 하는가?

사업결합으로 인하여 피취득자의 진행중인 연구・개발프로젝트(in-process research and development project)가 무형자산의 정의를 충족하고, 그 프로젝트의 공정가치를 신뢰성 있게 측정할 수 있다면 별도의 무형자산으로 인식할 수 있다. 무형자산으로 인식된 진행중인 연구・개발프로젝트에 대한 취득 후의 지출은 연구개발비 회계처리와 일관되게 다음과 같이 회계처리한다.

① 연구관련 지출이라면 발생한 기간의 비용(연구비)으로 인식한다.

② 무형자산의 인식기준을 충족하지 못하는 개발관련 지출은 발생한 기간

의 비용(경상개발비)으로 인식한다.

③ 무형자산의 인식기준을 충족하는 개발관련 지출은 진행중인 개발프로젝트의 장부금액에 가산한다.

11. 영업권의 성격에 대해 설명하라.

영업권은 초과이익을 얻을 수 있는 능력으로 정의할 수 있다. 회계처리목적상 영업권은 합병이나 영업양수 등의 경우에 유상으로 취득한 것에 한하여 이를 자산으로 기록할 수 있다. 즉, 매수회사가 피매수회사에게 합병이나 영업양수 등으로 지급한 대가가 피매수회사의 순자산(자산에서 부채를 차감한 부분)의 공정가치를 초과한 부분을 영업권으로 기록한다.

12. 현금창출단위란 무엇인가?

현금창출단위(cash-generating unit)란 창출하는 현금유입의 대부분이 다른 자산이나 자산집단으로부터의 현금유입과는 독립적으로 구별되는 식별가능한 최소 자산집단을 의미한다. 따라서 현금창출단위는 개별적으로 식별할 수 없으나 다른 자산과 함께 공동으로 현금창출을 식별할 수 있는 최소 자산집단이라고 할 수 있다.

13. 손상차손은 언제 인식해야 하는가?

손상차손은 자산이나 현금창출단위의 손상검사 결과 회수가능액(recoverable amount)이 장부금액보다 낮을 때 인식한다. 회수가능액은 순공정가치와 사용가치 중 큰 금액을 의미한다. 순공정가치(net fair value)는 합리적 판단력과 거래의사가 있는 독립적 당사자간에 자산 또는 현금창출단위의 매각으로부터 수취할 수 있는 금액에서 처분비용을 차감한 금액을 의미한다. 사용가치(value in use)는 자산 또는 현금창출단위에서 창출될 것으로 기대되는 미래현금흐름의 현재가치를 의미한다.

14. 영업권은 손상차손을 환입할 수 없는 주된 이유가 무엇인가?

영업권은 그 가치가 매우 주관적이라는 점과 영업권에 대한 손상차손의 환입은 내부창출영업권의 증가액으로 볼 수 있기 때문이다. 내부창출영업권은 취득원가주의에 위배되기 때문에 자산으로 인식하지 않는다.

보-1. 탐사평가자산이란 무엇인가?

광물자원을 탐사하고 평가하기 위해서는 ① 특정 지역에 탐사를 위한 법적 권리를 취득하고, ② 지질학적 연구, 탐사를 위한 시추, 굴착, 표본추출, 기술적 실현가능성 및 상업화가능성이 있는지 등을 평가하게 된다. K-IFRS(제1106호)는 ①과 ②의 활동에서 발생한 지출을 '탐사평가자산'(exploration and evaluation assets)으로 정의하고 이에 관한 회계처리방법을 규정하고 있다. 이러한 탐사평가자산을 인식하는 기업은 해당 자산에 대해 회계정책을 정하여 이를 계속적으로 적용해야 한다.

보-2. 광물자원에 대한 기술적 실현가능성 및 상업화가능성이 제시되면 탐사평가자산은 어떻게 처리해야 하는가?

탐사평가자산의 기술적 실현가능성과 상업화가능성이 있다고 판단되어 개발활동이 시작되면 더 이상 탐사평가자산으로 처리할 수 없고, 무형자산 또는 유형자산으로 분류한다.

보-3. 성공원가법과 전부원가법을 간단히 비교 설명하라.

천연자원의 탐사원가를 회계처리하는 방법에는 성공원가법과 전부원가법이 있다. 성공원가법은 성공적인 탐사활동에 대한 탐사원가만 자산으로 처리하고 실패한 탐사활동에 대한 탐사원가는 비용으로 처리하는 방법이다. 전부원가법은 성공과 실패를 구분하지 않고 모든 탐사원가를 자산으로 처리하는 방법이다.

보-4. 감모상각이란 무엇인가?

광물자원의 개발비는 무형자산의 회계처리를 따르도록 되어 있다. 개발비는 감모성을 갖는 광물자원의 성격상 유한한 내용연수를 가지기 때문에 감모상각을 해야 한다. 감모상각(depletion)은 자원의 채굴로 인하여 부존자원이 고갈되는 것을 반영하기 위한 회계처리로서 자산이 소비되는 형태를 반영하는 방법이 가장 합리적이다. 따라서 감모상각은 생산량비례법을 이용하여 상각하는 것이 타당하다. 무형자산인 개발비에 대한 감모상각대상액(depletion base)이 정하여지면 이를 회계기간에 어떻게 배분할 것인가, 즉 어떻게 감모상각할 것인가를 결정해야 한다. 생산량비례법에서의 단위당 감모상각비는 아래와 같이 구한다.

단위당 감모상각비＝총원가 / 총매장량

따라서 특정 연도의 감모상각비는 단위당 감모상각비에다 기중에 채굴한 광물자원의 수량을 곱하여 구한다.

감모상각은 금액이 중요한 경우 평가계정(감모상각누계액)을 이용하는 것이 합리적일 수 있지만, 일반적으로는 직접법을 이용하는 것이 합리적이다.

연습문제

7-1 연구비

20×1년 연구비 = ₩150,000 + ₩35,000 + ₩180,000 × 1/5 = ₩221,000

(주) 기존 약품의 제조와 관련된 품질관리비는 제조원가로 처리하고, 실험실 설비는 대체적인 용도로도 사용이 가능하기 때문에 당해 연도 감가상각비를 연구비로 비용처리한다.

7-2 개발비와 특허권

특허권의 취득원가 : ₩500,000

개발비와 특허권은 별도의 무형자산이기 때문에 개발비를 특허권으로 통합하지 않고 각각의 무형자산에 대해 상각회계처리를 한다. 따라서 각 무형자산에 대한 20×3년 상각비는 다음과 같다.

개발비의 상각비 = ₩800,000 ÷ 10년 = ₩80,000

특허권의 상각비 = ₩500,000 ÷ 8년 = ₩62,500

7-3 무형자산 (1)

부분재무상태표		부분손익계산서	
비유동자산 :		판매비와 관리비 :	
(1) 유형자산		산업재산권상각	₩292
(2) 무형자산			
산업재산권	₩2,388		

(1) 20×1년 취득시 : ₩2,400

20×1년도 상각액 : ₩240

20×2년도 상각액 : ₩240

〈20×2. 12. 31〉

(차) 특허권상각	240	(대) 특 허 권	240

20×2년말 장부금액 : ₩2,400 − (₩240 + ₩240) = ₩1,920

(2) 〈취득 및 상각시 분개〉

(차) 실용신안권	520	(대) 현 금	520
(차) 실용신안권상각	520	(대) 실용신안권	520

〈실용신안권수익 및 로열티(5%) 지급〉

(차) 현 금	2,850	(대) 실용신안권운용수익	3,000
수수료비용	150		

〈20×2. 12. 31(수정)〉

(차) 실용신안권	468	(대) 실용신안권상각	468

(주) 특허권과 실용신안권은 통합계정인 산업재산권으로 보고할 수 있다. 따라서 재무상태표에는 산업재산권 ₩2,388을 무형자산으로 보고하고 손익계산서에는 산업재산권상각비 ₩292을 보고한다.

7-4 무형자산(2)

(1) 〈20×1. 12. 31〉

프랜차이즈 : ₩82,000/10년 = ₩8,200
저 작 권 : ₩320,000/50년 = ₩6,400
특 허 권 : ₩42,000/6년 = ₩7,000

(2) 〈20×1. 12. 31〉

(차) 프랜차이즈상각	8,200	(대) 프랜차이즈	8,200
(차) 저작권상각	6,400	(대) 저 작 권	6,400
(차) 특허권상각	7,000	(대) 특 허 권	7,000

(3) 20×2. 1. 1 특허권 장부가치 : ₩35,000 + ₩5,000 = ₩40,000

〈20×2. 12. 31〉

(차) 특허권상각	8,000 *	(대) 특 허 권	8,000

* ₩40,000/5년(잔여 내용연수)

(4) 〈20×3. 12. 31〉

(차) 특허권상각	16,000 *	(대) 특 허 권	16,000

* (₩42,000 − ₩7,000(상각) + ₩5,000(소송) − ₩8,000(상각))/2년

7-5 시설사용권

〈20×3. 1. 1〉

(차) 시설사용권 1,000,000 (대) 건설중인자산 1,000,000
(건설중인자산을 시설사용권으로 대체)

〈20×3. 12. 31〉

(차) 무형자산상각비 50,000* (대) 시설사용권 50,000

* ₩1,000,000/20년 = ₩50,000

7-6 개발비의 인식

무형자산으로 인식할 수 있는 개발비는 ₩1,000,000이다. 왜냐하면 20×1. 12. 1에 신제품 생산공정이 무형자산의 인식기준을 충족했기 때문이다. 20×1. 12. 1 전에 발생한 지출 ₩4,000,000은 비용으로 인식한다.

7-7 개발비 손상차손

20×1년말 무적(주)의 개발비는 ₩1,000,000이지만 회수가능액이 ₩700,000이므로 개발비(무형자산)의 장부금액은 ₩700,000이 되어야 한다. 따라서 무적(주)는 손상차손 ₩300,000을 당기손실로 인식해야 한다.

7-8 탄소배출권과 상각

〈20×1. 1. 1(탄소배출권 취득시)〉

(차) 탄소배출권 500,000 (대) 현 금 500,000

〈20×1. 12. 31(회계기말 탄소배출권의 상각)〉

(차) 탄소배출권상각비 125,000 (대) 탄소배출권 125,000

7-9 매출액비례법에 의한 무형자산 상각

1) 20×1. 1. 1(특허권 취득시)

(차) 특 허 권 1,200,000 (대) 현 금 1,200,000

2) 20×1. 12. 31(특허권의 상각)

(차) 특허권상각비 225,000 (대) 특 허 권 225,000*

* 매출액비례법 : ₩1,200,000 × (₩1,500,000/₩8,000,000) = ₩225,000

7-10 영업권

영업권＝매수원가－순자산의 공정가치

매수원가 (₩150×25,000주)	₩3,750,000
순자산의 공정가치 (₩3,000,000＋₩400,000(유형자산의 자산증감분))	3,400,000
영업권	₩350,000

7-11 영업권의 손상차손

1) 손상차손의 계산

	영업권	식별가능한 순자산	합 계
총장부금액(P사 인식액)	₩400	₩1,500	₩1,900
상각누계액(P사 인식액)	—	(150)	(150)
장부금액(P사 인식액)	400	1,350	1,750
소수주주지분(P사 미인식액)	100	—	100
소수주주지분 반영후 장부금액	500	1,350	1,850
회수가능액			1,000
손상차손			₩850

* 영업권은 상각하지 않으며, 식별가능한 순자산의 상각누계액은 1년간 정액법에 의한 상각비를 나타낸다. 취득일 현재 S사의 지분 20%에 명목적으로 귀속될 영업권은 ₩100(₩400/0.8×0.2)이 된다.

2) 손상차손의 배분

	영업권	식별가능한 순자산	합 계
총장부금액	₩400	₩1,500	₩1,900
상각누계액	—	(150)	(150)
장부금액	400	1,350	1,750
손상차손	(400)	(350)	(750)
손상차손 반영후 장부금액	0	1,000	1,000

* 손상차손 ₩750은 우선적으로 영업권에 배정하기 때문에 P사가 기록하고 있는 영업권 장부금액 ₩400을 우선 감액시키고 잔여 손상차손 ₩350은 현금창출단위인 S사의 기타 식별가능한 순자산의 장부금액을 감액시킨다. 기타 식별가능한 순자산이 여러 가지의 자산으로 구성되었을 것이기 때문에 개별자산의 잔액은 장부금액비례법을 적용하여 분배한다.

보-1 탐사평가자산

(1) 탐사평가자산

① 무형자산

항목	내용 및 계산근거	금액(₩)
2	시추장비의 감가상각비(₩800,000/5년)	160,000
3	채굴권 취득원가	2,000,000
4	탐사원가	400,000
5	기술적 실현가능성과 상업화가능성 평가와 관련된 지출	800,000
6	복구비용의 현재가치	300,000
	계	3,660,000

* 탐사와 평가활동 전에 발생한 초기탐색비용(항목 1)은 발생한 기간에 비용처리 한다.

② 유형자산

시추장비의 20×1년말 장부금액 : ₩800,000 − ₩160,000 = ₩640,000

(2) 20×2년초(기술적 실현가능성과 상업화가능성을 제시할 수 있을 때)

(차) 무형자산(시추권)	3,660,000	(대) 탐사평가자산(시추권)	3,660,000
(차) 시 추 장 비	640,000	(대) 탐사평가자산(시추장비)	640,000

보-2 감모상각

(1) 단위당 광물의 원가

취득원가의 계상 : ₩1,240,000 + ₩60,000 + ₩150,000 = ₩1,450,000

(₩1,450,000 − ₩100,000) / 75,000톤 = ₩18/톤

(2) 20×1. 12. 31 총재고광물의 원가 : ₩18/톤 × 9,000톤 = ₩162,000

(3) 20×1년도 매출원가 : ₩18/톤 × 15,000톤 = ₩270,000

제 8 장 금융상품(1)

익힘문제

1. 금융상품의 정의를 내리고 여기에 포함되는 항목들의 몇 가지 예를 들라.

K-IFRS에서는 금융상품(financial instruments)을 "한쪽 거래당사자에게 금융자산을 발생시키면서 다른 거래상대방에게 금융부채(financial liabilities)나 지분상품(equity instruments)을 발생시키는 계약"으로 정의하고 있다. 이는 매우 광범위한 정의로서, 이에 따라 금융상품에는 여러 가지 자산, 부채 및 지분상품이 포함된다. 금융상품을 광범위하게 정의한 주된 이유는 업종에 구애받지 않고 유사한 성격을 가진 금융상품에 대하여 동일한 회계처리를 할 수 있도록 하기 위해서이며, 특히 금융기관의 경우 비슷한 목적을 달성하는 다양한 금융상품을 보유하고 있기 때문이다.

금융상품은 양면성을 가지는데 한 거래당사자에게는 금융자산(권리)을 발생시키고, 다른 거래당사자에게는 금융부채(의무) 또는 지분상품을 발생시킨다. 또한 금융자산은 금융상품보유자 입장에서 정의되며, 금융부채와 지분상품은 금융상품발행자의 입장에서 정의되고 있다.

다음 표는 금융상품보유자가 기록하는 금융자산과 금융상품발행자가 인식하는 금융부채 또는 지분상품 중 대표적인 항목을 요약하여 보여주고 있다.

금융상품보유자가 기록	금융상품발행자가 기록	
금융자산	금융부채	자본(지분상품)
현금		
투자자산(일부 주식, 회사채)	발행한 회사채	보통주, 우선주
매출채권(받을어음 포함)	매입채무(지급어음 포함)	
대여금	차입금(당좌차월 포함)	

잠재적으로 유리한 교환조건을 가진 계약상의 권리 (내가격상태인 매입옵션 등)	잠재적으로 불리한 교환조건을 가진 계약상의 의무 (내가격상태인 매도옵션 등)	

2. 자기주식이 결제수단인 경우 항상 자본(지분상품)으로 구분할 수 있는가?

어떤 계약이 기업의 자기지분상품(자기주식)을 인도해야 한다는 이유만으로 지분상품이 될 수 없다. 기업은 계약상의 의무와 동등한 공정가치를 갖는 자기주식을 결제수단으로 인도할 의무가 있을 수 있다. 인도해야 할 자기주식의 수량이 자기주식의 공정가치의 변화에 따라 달라질 수도 있고, 자기주식이 아닌 다른 시장요인(이자율, 금 등)의 변동에 대응하여 달라질 수 있다. 예컨대, ₩10,000에 해당하는 자기주식을 인도하거나 금 100온스에 해당하는 자기주식을 인도할 계약상의 의무는 시장요인의 변동에 따라 발행할 주식의 수량이 변화하기 때문에 자본으로 보지 않고 금융부채로 본다. 한편, 전환사채처럼 확정된 사채의 원금에 대하여 확정된 수량의 자기주식을 취득할 수 있는 선택권을 상대방에게 제공하는 계약상의 의무는, 확정수량의 자기주식에 대하여 확정금액의 금융자산을 교환하여 결제하는 방법에 해당하기 때문에, 자본으로 본다.

3. 공정가치로 측정하는 금융자산은 어떻게 세분하는가?

공정가치로 측정하는 금융자산은 FVPL자산과 FVOCI자산으로 세분된다. FVPL자산은 다시 단기매매금융자산과 회계불일치를 해소 또는 감소시키기 위한 목적으로 공정가치선택권을 행사하여 지정한 금융자산으로 구분한다. FVOCI자산은 공정가치로 평가하되 공정가치의 변동은 당기손익에 포함하지 않고 기타포괄손익으로 누적시켜나간다. 또한 FVOCI자산을 처분한 경우에는 기타포괄손익을 재분류를 통하여 당기손익으로 반영한다.

4. AC자산의 특징은 무엇인가?

AC자산은 원금과 이자만으로 구성된 계약상 현금흐름을 수취하기 위해 보유하는 것이 목적인 금융자산을 말한다. 예컨대 투자채권을 만기까지 보유하는 경우 해당 투자채권의 계약조건에 명시된 원금과 이자로만 구성된 현금흐름을 수취할 것이며 보유기간중 공정가치 변동은 투자손익에 영향을 미치지 않을 것이다. 이러한 금융자산은 상각후원가로 기록하고 유효이자율법에 따라 이자수익을 인식하고 원금의 만기회수에 대한 회계처리를 하면 된다. 매출채권은 거래대가로 인식하는 원금만으로 구성된 현금흐름을 받을 금융자산이다. 매출채권은 이자가 포함되지 않는다는 점에서 투자채권과는 다르지만 보유기간중 공정가치의 변동이 의미가 없다는 점에서 투자채권과 유사하다. 따라서 매출채권도 AC자산에 해당한다. AC자산은 공정가치 변동에 따른 평가손익은 인식하지 않지만 신용손실에 따른 손상차손은 인식해야 한다.

5. 선택에 의하여 공정가치의 변동을 당기손익으로 인식할 수 있는 금융상품은 어떤 조건을 충족해야 하는가?

선택에 의해 공정가치 변동을 손익으로 인식할 수 있는 금융상품은 회계불일치를 해소 또는 감소시키기 위한 조건을 충족해야 한다.

6. 회계불일치란 무엇을 의미하며, 회계불일치를 감소시키기 위해서 회사가 할 수 있는 조치는 무엇인가?

회계불일치(accounting mismatch)란 공정가치선택권을 행사하지 않았더라면 자산 또는 부채 및 손익이 다른 기준으로 측정되어 관련되는 항목들간에 회계처리의 일관성이 결여되는 것을 의미한다. 예컨대, 한 회사가 고정수익률 채권을 취득하면서 고정수익률 회사채를 발행하였다고 하자. 이 두 관련 자산과 부채는 이자율 변동에 따른 공정가치평가손익이 서로 상쇄될 것이기 때문에 자산과 부채를 모두 FVPL자산으로 지정함으로써 회계불일치 현상을 제거시킬 수 있다.

이와 같은 회계불일치를 감소시키기 위해서 회사가 취할 수 있는 방법은 관련되는 자산과 부채를 모두 공정가치로 평가하는 선택권을 행사하는 것이다.

7. 공정가치선택권이란 무엇을 의미하는가?

회사의 선택에 의하여 금융상품을 공정가치로 평가하고 평가손익을 당기손익에 반영하는 선택권을 공정가치선택권(fair value option)이라고 한다. 공정가치선택권은 회사가 금융자산을 최초로 인식할 때 행사해야 하는데, 공정가치선택권을 행사하면 회사는 지정된 금융자산을 공정가치로 측정하고 공정가치 변동을 당기손익에 반영해야 한다.

공정가치선택권을 행사할 때에는 공정가치 변동을 손익에 반영하는 것이 더욱 적합한 정보를 제공한다고 판단되어야 한다. 공정가치 변동을 손익에 반영하면 더욱 적합한 정보를 제공할 수 있다고 판단되는 경우란 다른 기준으로 측정하는 것에 비해 금융상품을 공정가치로 측정하면 회계불일치(accounting mismatch)가 제거되거나 상당히 감소되는 경우를 말한다.

8. 본원상품과 파생상품을 비교설명하라.

금융상품은 본원(primary)금융상품과 파생(derivative)금융상품으로 구분할 수 있다. 본원금융상품은 현금, 수취채권, 지급채무 및 지분상품을 의미하며, 파생금융상품으로는 옵션(options), 선물 및 선도상품(futures and forwards), 스왑(swaps) 등이 있다.

파생금융상품은 본원금융상품에 내포된 고유위험을 계약당사자간에 이전시키는 효과를 갖는 권리와 의무를 발생시킨다. 파생금융상품의 시작시점에 권리를 가진 계약당사자는 본원금융상품에 내포된 고유위험을 잠재적으로 유리한 조건으로 전가할 수 있는 권리를 가지게 되며, 의무를 가진 계약당사자는 해당 고유위험을 잠재적으로 불리한 조건으로 부담하는 의무를 지게 된다. 이러한 권리와 의무가 시장상황의 변화에 따라 파생금융상품의 계약자에게 유리하거나 불리하게 바뀌게 된다. 이 경우 파생상품이 유리한 교환조건을 가지면 금융자산으로, 불리한 교환조건을 가지면 금융부채로 분류한다. 금융상품을 교환하기로 한 풋옵션(매도선택권) 또는 콜옵션(매입선택권)의 경우 권리보유자와 의무부담자는 각각 금융자산과 금융부채를 기록해야 한다.

9. 유효이자율법이 금융자산의 회계처리에 어떻게 활용되는가?

AC자산은 유효이자율법을 이용하여 상각후원가로 측정하고, 관련되는 이자수익을 인식해야 한다. 유효이자율법에서 인식하는 이자수익은 기초상각후원가에 유효이자율을 곱하여 구한다. 현금이자수익과 유효이자수익의 차이는 상각액으로 하여 기초상각후원가에 가감하여 기말상각후원가를 구한다.

10. 금융상품의 회계처리 목적상의 분류와 각각의 특징에 대해 설명하라.

K-IFRS에서는 금융자산을 계약상 현금흐름과 사업모형에 따라 다음의 표와 같이 AC자산, FVOCI자산 및 FVPL자산으로 분류하도록 하고 있다.

계약상 현금흐름 / 사업모형	원금과 이자만으로 구성 (채무증권, 대여금 등)	그 외의 경우 (지분증권, 파생상품 등)
계약상 현금흐름 수취	상각후원가측정 (AC자산)	당기손익-공정가치측정 (FVPL자산)
계약상 현금흐름 수취 및 매매	기타포괄손익-공정가치측정 (FVOCI자산)	
기타	당기손익-공정가치측정 (FVPL자산)	

① AC자산 : AC자산은 원금과 이자만으로 구성된 계약상 현금흐름을 수취하기 위해 보유하는 것이 목적인 금융자산을 말한다. 예컨대 투자채권을 만기까지 보유하는 경우 해당 투자채권의 계약조건에 명시된 원금과 이자로만 구성된 현금흐름을 수취할 것이며 보유기간중 공정가치 변동은 투자손익에 영향을 미치지 않을 것이다. AC자산은 상각후원가로 기록하고 유효이자율법에 따라 이자수익을 인식하고 원금의 만기회수에 대한 회계처리를 하면 된다. 매출채권은 거래대가로 인식하는 원금만으로 구성된 현금흐름을 받을 금융자산이다. 매출채권은 이자가 포함되지 않는다는 점에서 투자채권과는 다르지만 보유기간중 공정가치의 변동이 의미가 없다는 점에서 투자채권과 유사하다. 따라서 매출채권도 상각후원가로 측정하는 금융자산에 해당한다. AC자산은 공정가치 변동에 따른 평가손익은 인식하지 않지만 신용손실에 따른 손상차손은 인식해야 한다.

② FVOCI자산 : FVOCI자산은 보유기간중의 공정가치 변동에 따라 금융자산의 장부금액을 조정하지만 공정가치 변동에 따른 보유손익을 당기손익에 반영하지 않는 금융자산을 말한다. 공정가치 변동에 따른 보유손익은 기타포괄손익으로 구분하여 인식하고 처분시까지 재무상태표의 자본에 기타포괄손익누계액이라는 계정을 이용하여 미실현보유손익을 누적시켜나간다. 기타포괄손익누계액은 해당 금융자산의 처분시 또는 손상시 자본에서 제거하고 실현된 손익으로 하여 당기손익에 반영한다. 계약상 현금흐름(원금과 이자)을 수취할 수 있는 투자채권뿐만 아니라 현금흐름이 확정되지 않은 지분증권도 이 범주의 금융자산으로 분류할 수 있다. 중요한 것은 회사가 공정가치로 금융자산을 측정하되 미실현보유손익은 기타포괄손익으로 처리하고자 하면 이 범주로 분류하면 된다. 한편, 단기매매 목적 이외의 지분상품은 취득시에 취소불능 조건으로 FVOCI자산으로 분류할 수 있으나, 이 경우에는 매도시에도 기타포괄손익누계액을 당기손익으로 인식할 수 없다. 즉, 기타포괄손익누계액의 재순환 금지가 적용된다.

③ FVPL자산 : FVPL자산은 위 두 가지 범주에 속하지 않는 금융자산을 말한다. 이 범주로 분류된 금융자산은 취득 후 공정가치로 자산을 측정하고 또 미실현보유손익을 해당 금융자산의 보유중에도 실현보유손익처럼 취급하여 당기손익에 포함해야 한다. 이 범주에 속하는 금융자산은 주로 단기매매 목적의 금융자산이 포함되지만, 회사의 선택에 의하여 공정가치로 자산을 측정하고 보유손익을 실현여부에 관계없이 당기손익에 반영하고자 하면 이 범주의 금융자산으로 지정할 수 있다. 회사의 선택에 의하여 공정가치회계를 적용하는 것을 공정가치선택권이라고 하는데, 공정가치선택권

은 취소불능조건으로 취득시점에 한하여 행사할 수 있으며, 서로 다른 회계기준에 따라 서로 관련된 자산과 부채가 다른 측정기준을 적용함에 따라 발생할 수 있는 회계불일치의 제거 및 경감을 위하여 사용하는 것을 목적으로 한다.

11. 거래원가를 최초인식시의 취득원가에 포함하는 금융자산은 무엇인가?

FVPL자산을 제외한 나머지 금융자산은 거래원가를 취득원가에 포함한다. 따라서 AC자산과 FVOCI자산은 거래원가를 최초인식시의 취득원가에 포함한다.

12. 미래에 현금을 수취하거나 현금을 지급하기로 된 계약상의 권리 및 의무로부터 발생하는 대표적인 금융상품들에는 어떤 것들이 있는가?

미래에 현금을 수취하거나 지급하기로 된 계약상의 권리 및 의무는 각각 금융자산과 금융부채가 된다. 이 경우는 권리를 가진 거래당사자와 의무를 가진 상대방이 서로 대응된다. 이에 해당하는 대표적인 금융자산 및 금융부채로는 ① 매출채권 및 매입채무, ② 받을어음 및 지급어음, ③ 대여금 및 차입금, ④ 회사채에 대한 투자 및 발행한 회사채 등을 들 수 있다. 현금이 아닌 금융자산을 주고받을 권리와 의무가 있는 금융상품도 있다. 금융상품을 주고받을 권리와 의무가 있는 계약은 그 자체로서 금융상품으로 보는데, 이는 종국적으로 현금을 주고받거나 지분상품을 취득 또는 발행할 권리 또는 의무와 연결되기 때문이다. 예컨대 국공채를 기초자산으로 발행된 약속어음은 발행자가 보유자에게 현금이 아닌 국공채를 인도해야 할 의무가 있다. 따라서 이와 같은 약속어음은 발행자에게는 금융부채가 되며, 보유자에게는 금융자산이 된다.

13. 금융자산의 재분류조건은 무엇인가?

금융자산은 사업모형이 변경된 경우 재분류할 수 있다.

14. 손상차손의 대상이 되는 금융자산의 종류는 무엇인가?

손상차손의 대상이 되는 금융자산은 공정가치로 측정하고 공정가치 변동을 당기손익에 반영하는 FVPL자산을 제외한 모든 금융자산이다. 따라서 AC자산과 FVOCI자산은 손상차손의 대상이 된다.

15. 금융자산의 신용손실은 어떤 방법으로 측정하며 어떤 금액으로 측정하는가?

금융자산의 신용손실은 기대신용손실법(expected credit loss method)을 적용하여 측정한다. 금융자산의 신용손실은 ① 계약상 수취하기로 한 현금흐름과, ② 수취할 것으로 예상하는 현금흐름 차이의 현재가치이다.

16. 연령분석법은 어떤 방법이며 어떤 경우에 사용될 수 있는가?

기대신용손실모형의 변형으로서 실무상의 편법으로 연령분석모형(aging schedule model)을 사용할 수 있다. 연령분석모형은 수취채권이 신용기간 대비 경과한 일수에 일정한 대손율을 곱하여 각 연령그룹별 대손액을 추정하여 합산하는 방법이다. 기대신용손실모형은 금융기관에서 주로 사용하는 반면 연령분석모형은 비금융업에서 매출채권 및 기타수취채권에 대해 적용하는 것이 일반적이다.

III 연습문제

8-1 AC자산 – 은행의 타행 예치금

이러한 예금은 예금증서의 양도가능여부에 관계없이 AC자산의 정의를 충족한다. 다만, 예금을 예치한 은행이 즉시 또는 단기간 내에 당해 금융자산을 매도할 의도가 있는 경우에는 AC자산의 정의를 충족하지 못하며, 이 경우 당해 금융자산을 성격에 따라 FVPL자산 또는 FVOCI자산으로 분류한다.

8-2 금융상품의 분류와 측정

(1) 표시이자가 5%이고 만기가 5년인 국공채에 대한 투자 : 계약상 현금흐름인 원금과 원금에 대한 이자를 회수할 목적이면 AC자산으로 분류한다. FVPL자산 또는 FVOCI자산으로 구분하는 경우 모두 공정가치로 측정해야 하지만 전자의 경우에는 공정가치 변동을 당기손익에 반영하고, 후자의 경우에는 기타포괄손익으로 인식한다.

(2) 매출채권 : 상각후원가로 측정하며 취득가액과 액면금액의 차이는 유효이자율법을 이용한 상각후원가로 측정한다. 단기수취채권이어서 만기까지의 기간이 짧거나 현재가치할인의 효과가 크지 않은 경우에는 거래가격으로 측정한다.

(3) 성장성을 보고 장기보유 목적으로 소유하고 있는 다른 상장회사의 보통주에 대한 투자 : 최초인식시에 취소불능선택을 통하여 FVOCI자산으로 지정할 수 있으며, 공정가치의 변동은 기타포괄손익으로 자본에 직접 가감한다. 취소불능선택을 원하지 않는 경우에는 FVPL자산으로 분류하고, 공정가치 변동에 따른 평가손익은 당기손익에 반영한다.

(4) 단기투기 목적으로 소유하고 있는 다른 상장회사의 보통주에 대한 투자 : FVPL자산으로 분류하고, 공정가치로 평가하며, 공정가치의 변동은 당기손익에 반영한다.

8-3 현금및현금성자산

현금및현금성자산으로 보고할 금액

=(₩88,000 − ₩23,000) + ₩15,000 + ₩8,500 + ₩13,500

= ₩102,000

성미은행에 예치중인 정기적금 ₩150,000과 타사 발행 3년 만기 회사채 ₩250,000은 상각후원가측정금융자산으로 보고한다.

8-4 외상매출금과 매출할인

20×1. 4. 1(단기매출채권인 외상매출금을 거래가격에 인식)

(차) 외상매출금	20,000	(대) 매 출 액	20,000

20×1. 4. 10(현금할인 기간 내에 회수된 외상매출금 70% 회수 인식)

(차) 현 금	13,720	(대) 외상매출금	14,000
매 출 할 인	280		

20×1. 4. 30(나머지 외상매출금 30% 회수)

(차) 현 금	6,000	(대) 외상매출금	6,000

8-5 외상매출 대가로 받은 받을어음

(1) 받을어음의 만기가 단기이고 10% 이자 지급인 경우

20×1. 4. 1(받을어음의 액면금액을 거래가격으로 하여 매출액을 인식)

(차) 받 을 어 음	20,000	(대) 매 출 액	20,000

20×1. 9. 10(받을어음과 6개월 이자의 회수)

(차) 현 금	21,000	(대) 받 을 어 음	20,000
		이 자 수 익	1,000*

* ₩20,000×10%×6/12=₩1,000 (이자율은 항상 연이자율을 의미하므로 6/12를 곱함)

(2) 받을어음의 만기가 1년(장기)이고, 무이자지급조건인 경우

20×1. 4. 1(받을어음의 액면금액을 거래가격으로 하여 매출액을 인식)

(차) 받 을 어 음	20,000	(대) 매 출 액	18,182*
		현재가치할인차금	1,818**

* ₩20,000×0.9091(만기 1년, 이자율 10%에 대한 현재가치할인요소)=₩18,182
** 현재가치할인차금은 받을어음의 차감계정이며, 받을어음의 만기에 걸쳐 이자수익으로 인식함.

20×1. 12. 31(회계기말 이자수익의 인식)

(차) 현재가치할인차금	1,364	(대) 이 자 수 익	1,364*

* ₩18,182×10%×9/12=₩1,364

20×2. 4. 1(3개월분 이자수익 인식 및 받을어음의 회수)

(차) 현재가치할인차금	454	(대) 이 자 수 익	454
(차) 현 금	20,000	(대) 받 을 어 음	20,000

8-6 AC자산 – 장기받을어음

(1) (차) 장기받을어음 (AC자산)	8,000	(대)	토 지	4,500
			유형자산처분이익	500
			현재가치할인차금	3,000
(2) (차) 장기받을어음 (AC자산)	3,000	(대)	현재가치할인차금	547
			용 역 수 익	2,453*

* 현재가치 : ₩3,000×0.6355(12%, 4년)+₩180×3.0373(12%, 4년)=₩2,453

8-7 AC자산 – 회사채

현재가치계산 (표시이자율=4.72%, 유효이자율=10%)

회사채의 액면금액		₩1,250
회사채의 현재가치 :		
액면금액의 현재가치(₩1,250×0.6209)	₩776	
이자의 현재가치(₩59×3.7908)	224	(1,000)
액면금액과 현재가치의 차액		₩250

아래 표는 채무상품의 보고기간별 상각후원가, 이자수익 및 현금흐름에 대한 정보를 제공한다.

연 도	기초상각후원가 (A)	이자수익 (B=A×10%)	현금이자수익 (C)	기말상각후원가 (D=A+B−C)
20×1	₩1,000	₩100	₩59	₩1,041
20×2	1,041	104	59	1,086
20×3	1,086	109	59	1,136
20×4	1,136	113	59	1,190
20×5	1,190	119	59	1,250

1) 20×1. 1. 1(AC자산의 취득)

(차) AC자산	1,000	(대)	현 금	1,000

2) 20×1. 12. 31(이자수취)

(차) 현 금	59	(대)	이 자 수 익	100
AC자산	41			

3) 20×5. 12. 31(만기)

(차) 현 금	59	(대) 이 자 수 익	119
AC자산	60		
(차) 현 금	1,250	(대) AC자산	1,250

8-8 채무증권에 대한 투자

(1) 계약상의 현금흐름을 회수하는 것이 목적이라면 AC자산으로 분류할 수 있으며, 그렇지 않은 경우에는 당해 사채를 단기보유 목적으로 소유한 경우 FVPL자산으로 분류해야 한다. 또한 상황에 따라 처분할 가능성이 있다면 FVOCI자산으로는 분류할 수 있다.

(2) 회계처리

〈상각표 작성〉

연 도	유효이자(12%)	표시이자(10%)	상각액	장부금액
20×5년초				₩95,198
20×5년말	₩11,423	₩10,000	₩1,423	96,621
20×6년말	11,594	10,000	1,594	98,215
20×7년말	11,785	10,000	1,785	100,000

〈취득시 FVPL자산으로 분류한 경우〉

1) 20×5. 1. 1(취득시점)

(차) FVPL자산	95,198	(대) 현 금	95,198

2) 20×5. 12. 31

(차) 현 금	10,000	(대) 이 자 수 익	10,000
(차) FVPL자산	1,802	(대) 금융자산평가이익	1,802

* ₩97,000 − ₩95,198 = ₩1,802

3) 20×6. 12. 31

(차) 현 금	10,000	(대) 이 자 수 익	10,000
(차) FVPL자산	1,000	(대) 금융자산평가이익	1,000

* ₩98,000 − ₩97,000 = ₩1,000

4) 20×7. 1. 1(처분시점)

(차) 현 금	98,000	(대) FVPL자산	98,000

(주) FVPL자산으로 인한 이자수익과 금융자산평가손익은 모두 당기손익(PL)으로 처리한다.

〈취득시 AC자산으로 분류한 경우〉

1) 20×5. 1. 1(취득시점)

(차) AC자산	95,198	(대) 현 금	95,198

2) 20×5. 12. 31

(차) 현 금	10,000	(대) 이 자 수 익	11,423
AC자산	1,423		

3) 20×6. 12. 31

(차) 현 금	10,000	(대) 이 자 수 익	11,594
AC자산	1,594		

4) 20×7. 1. 1(처분시점)

(차) 현 금	98,000	(대) AC자산	98,215
AC자산처분손실	215		

(주) AC자산으로 인한 이자수익과 처분손익은 모두 발생시의 당기손익(PL)으로 처리한다.

〈취득시 FVOCI자산으로 분류한 경우〉

1) 20×5. 1. 1(취득시점)

(차) FVOCI자산	95,198	(대) 현 금	95,198

2) 20×5. 12. 31

(차) 현 금	10,000	(대) 이 자 수 익	11,423
FVOCI자산	1,423		
(차) FVOCI자산	379	(대) 금융자산평가손익	379

* ₩97,000－(₩95,198＋₩1,423)＝₩379

3) 20×6. 12. 31

(차) 현 금	10,000	(대) 이 자 수 익	11,594
FVOCI자산	1,594		
(차) 금융자산평가손익	594	(대) FVOCI자산	594

* ₩98,000－(₩97,000＋₩1,594)＝(₩594)

4) 20×7. 1. 1(처분시점)

(차) 현 금	98,000	(대) FVOCI자산	98,000
(차) 처 분 손 익	215	(대) 금융자산평가손익	215

(주) FVOCI자산평가손익은 기타포괄손익(OCI)으로 처리하고, 처분시점에 FVOCI자산평가손익은 재분류를 통하여 당기손익(PL)으로 처리한다. FVOCI자산에서 발생한 이자수익은 발생시기의 당기손익(PL)으로 처리한다.

8-9 FVPL자산(지분상품)의 측정

FVPL자산으로 분류			
1) 20×1(취득시)			
(차) FVPL자산(갑)	10,000	(대) 현 금	10,000
(차) FVPL자산(을)	30,000	(대) 현 금	30,000
2) 20×1. 12. 31			
(차) FVPL자산(갑)	2,000	(대) 금융자산평가이익(PL)	2,000
(차) 금융자산평가손실(PL)	3,000	(대) FVPL자산(을)	3,000
3) 20×2. 6. 30(처분시)			
(차) 현 금	31,000	(대) FVPL자산(을)	27,000
		금융자산처분이익(PL)	4,000

(주) FVPL자산은 당기손익-공정가치측정금융자산을 나타내고, PL은 당기손익을 나타낸다.

8-10 기대신용손실모형의 간편법

(1) 연령분석표 작성

연령구분	금 액	기대손실률	손상차손추산액
신용기간 이내	₩700,000	0.9%	₩6,300
30일 이내 연체	130,000	4.0%	5,200
60일 이내 연체	50,000	18.0%	9,000
60일 초과 연체	20,000	25.0%	5,000
계	₩900,000		₩25,500

(2) 손상차손회계처리

(차) 손 상 차 손 16,000* (대) 대손충당금 16,000

* 대손충당금추산액(₩25,500) − 대손충당금(₩9,500) = ₩16,000

8-11 AC자산의 손상차손

(1) 20×1년초 AC자산 취득 회계처리

(차) AC자산 1,850 (대) 현 금 1,850

(2) 20×1년말의 이자수익 및 손상차손 회계처리

(차)	현 금	140	(대) 이 자 수 익	185
	AC자산	45		
(차)	손상차손(당기비용)	195*	(대) AC자산	195

* ₩1,895(상각후원가) − ₩1,700(공정가치) = ₩195

(3) 20×2년 이자수익에 대한 회계처리

(차)	미 수 이 자	140	(대) 이 자 수 익	170*
	AC자산	30		

* ₩1,700(기초 상각후원가) × 10% = ₩170

8-12 FVOCI자산의 손상차손 (1)

20×1. 12. 31 공정가치하락과 손상차손을 인식하기 위한 분개

(차)	손 상 차 손	50	(대) FVOCI자산	200
	기타포괄손익	150		

(주) 공정가치의 변동 ₩200 중에서 기대신용손실법을 이용한 손실충당금 추산액은 손상차손으로 인식하고 나머지 금액(₩150)은 기타포괄손익으로 인식한다.

8-13 FVOCI자산의 손상차손 (2)

20×1. 12. 31 공정가치하락과 손상차손을 인식하기 위한 분개

(차)	손 상 차 손	100	(대) FVOCI자산	100

(주) 금융자산의 최초인식 후에 기대신용손실법을 적용하여 추정한 공정가치의 하락에 해당하는 ₩100을 모두 손상차손으로 인식한다.

제 9 장 금융상품(2)

익힘문제

1. 금융자산의 양도의 종류로는 어떤 것들이 있는가?

금융자산의 양도는 다양한 형태를 취할 수 있다. 가장 대표적으로 사용되는 금융자산의 양도는 다음과 같은 방법들이 있다.

1) 유동화(securitization)

금융자산포트폴리오를 유동화회사(신탁회사)에 양도하고, 유동화회사가 금융자산포트폴리오(기초자산)를 근거로 투자자들에게 증권을 발행하는 형태의 양도를 말한다. 각종 담보대출(주택담보대출, 부동산담보대출, 상가담보대출, 자동차할부매출채권 등) 및 신용카드채권 등이 유동화를 통하여 양도되는 대표적인 금융자산이다.

2) 팩토링(factoring)

팩토링이란 매출채권을 양도하는 것으로서 주로 소구권(recourse)이 없이 양도하는 것을 말한다. 따라서 매출채권이 팩토링되면 매출채권을 장부상에서 제거하고 금융자산제거손익을 인식한다. 팩토링회사는 금융기관의 일종으로서 기업체들로부터 매출채권을 매입하여 이를 직접 회수하는 사업모형을 가진 회사이다.

매출채권의 팩토링에는 고객, 판매회사 및 팩토링회사의 세 당사자가 존재한다. 고객으로부터 상품주문을 받은 판매회사는 팩토링회사에 고객의 신용상태에 대한 조회와 함께 팩토링을 의뢰한다. 팩토링회사는 매출채권을 전문적으로 취급하는 회사이므로 고객에 대한 신용상태를 비교적 정확하게 파악하고 있다. 팩토링회사는 고객의 신용상태를 확인하여 팩토링금융을 승인하고 매출채권 인수대금을 판매회사에 송부하고 판매회사는 고객에게 상품을 인도한다. 팩토링의 승인과 함께 매출채권은 팩토링회사에 양도되었으므로 고객은 매입대금을 팩토링회사에 지급한다.

3) 수취채권의 소구권부 양도

팩토링과는 달리 양도한 수취채권이 만기에 결제되지 않은 경우 수취채권의 양도자가 양도한 수취채권의 전체 또는 일부에 대해서 배상책임을 지는 형태의 양도를 소구권부 양도라고 한다. 이 경우에는 양도의 경제적 실질에 따라 양도한 수취채권이 실질적인 매각에 해당하면 장부상에서 제거하고, 매각거래로 보기 어려운 경우에는 차입거래로 취급한다.

4) 양도한 금융자산의 재구매를 조건으로 한 양도

재구매를 조건으로 한 양도는 실질적인 양도로 보기 어려우며 금융자산을 담보로 한 차입금으로 보는 것이 일반적이다. 만약 차입금이 만기에 지급되지 않은 경우 자금제공자는 담보로 제공받은 금융자산을 회수하여 담보물을 현금으로 전환할 수 있는 권리를 갖는다. 담보차입은 차입금을 상환하지 못하는 사태가 발생하지 않은 한 금융자산의 양도로 보지 않고, 차입금을 인식한다. 다만, 차입금을 상환하지 못하게 되어 대여자가 담보물건을 처분하면 금융자산이 양도되는 것이다.

2. 금융자산의 양도에 있어서 팩토링과 할인은 어떻게 구분하는가?

받을어음의 양도를 외상매출금의 양도와 구분하여 할인(discounting)이라고 부르는 것이 일반적이다. 즉, 성격은 동일하지만 외상매출금의 양도는 팩토링이라는 용어를 쓰고, 받을어음의 양도는 할인이라는 용어를 사용한다.

3. 금융자산을 양도하면 모두 장부상에서 제거해야 하는가?

K-IFRS에서는 양도와 제거를 구분하고 있다. 양도(transfer)는 금융자산의 보유자가 거래상대방에게 금융자산을 이전하는 것을 의미한다. 제거(derecognition)란 인식(recognition)의 반대 개념으로 금융자산을 재무상태표에서 없애는 것을 말한다. 양도했다는 사실 자체가 제거를 충족시키는 것이 아니고 제거조건을 충족하는 양도의 경우에만 제거한다.

금융자산은 ① 금융자산의 현금흐름에 대한 계약상의 권리가 소멸(expire)하거나, ② 금융자산의 현금흐름에 대한 계약상의 권리를 양도(transfer)한 경우에 한하여 제거할 수 있다.

4. 자산의 현금흐름에 대한 권리가 소멸되면 어떻게 회계처리해야 하는가?

금융자산의 현금흐름에 대한 권리가 소멸되면 해당 금융자산을 장부상에서 제거해야 한다. 만기가 있는 금융자산(채무상품, 수취채권, 대여금 등)의 경우에는 만기가 되면 권리가 소멸한다. 이들은 만기가 되면 해당 금융자산의 현금흐름에 대한 권리가 소멸하기 때문에 장부에서 제거하는 회계처리를 한다.

5. 금융자산의 양도에서 위험과 보상의 양도라는 의미는 무엇이며, 회계처리상 어떤 중요성을 갖는가?

금융자산의 소유와 관련된 위험(risks)과 보상(rewards)의 대부분을 이전한 경우에는 제거조건을 충족하는 양도로 보아 당해 금융자산을 제거하고, 양도로 인하여 생성되었거나 보유하고 있는 권리와 의무를 별도의 자산 또는 부채로 인식한다. 위험과 보상의 양도는 특별히 금융자산의 실질적인 양도를 판단하는 기준이라는 점에서 중요성을 가진다.

6. 제거조건을 충족하는 양도에서 양도에 따른 손익은 어떻게 인식하는가?

금융자산의 제거조건을 충족하는 양도에서 해당 금융자산의 제거시에 회사는 금융자산의 ① 장부금액과 ② 수취한 대가의 차이를 당기손익으로 인식한다. 만약에 금융자산의 일부를 양도했다면 양도한 부분이 제거대상이 된다. 이때 양도한 부분과 잔존하는 부분은 양도시점의 공정가치에 비례하여 종전의 장부금액을 배분한 후 양도된 부분의 ① 장부금액과 ② 수취한 대가의 차이를 당기손익으로 인식한다.

7. 지속관여란 무엇을 의미하며, 지속관여시의 금융상품의 양도는 어떻게 회계처리해야 하는가?

양도자가 양도자산의 소유에 따른 위험과 보상의 대부분을 보유하지도 않고 대부분을 이전하지도 아니하며 양도자가 양도자산을 통제하고 있다면, 그 양도자산에 대하여 지속적으로 관여하는 정도까지 그 양도자산을 계속하여 인식한다. 이를 지속관여(continuing involvement)라고 한다. 이때 지속관여의 정도는 양도자산의 가치변동에 대하여 양도자가 부담하는 위험정도를 의미한다.

8. 우선주를 발행한 회사는 항상 지분상품(자본)으로 보고해야 하는가?

우선주는 성격에 따라 금융부채가 되거나 지분상품(자본)이 될 수 있다. 예컨대, 상환우선주의 경우에 상환할 의무가 있고 상환금액이 확정된 경우 발행자는 금융부채로 분류해야 한다. 우선주 등의 금융상품의 보유자가 발행자에게 해당 금융상품의 환매를 요구하여 현금 등 금융자산을 수취할 권리가 부여된 금융상품은 발행자에게는 금융부채가 된다. 한편, 우선주 보유자에 대한 배당이나 기타 배분을 발행자의 재량으로 결정하는 경우 그 우선주는 지분상품이다.

9. 양도한 수취채권을 장부에서 제거하기 위한 조건은 무엇인가?

금융자산의 양도가 제거조건을 충족시키는지를 판단하기 위해서는 다음의 세 가지 기준을 순서적으로 적용해야 한다. 즉, 다음 기준은 금융자산의 제거를 판단하기 위한 서열체계(hierarchy)에 해당하는 기준이다.

① 위험과 보상(risks and rewards) : 위험과 보상의 대부분을 양도했다면 금융자산을 제거한다.

② 통제(control) : 금융자산의 소유에 따른 위험과 보상의 대부분을 양도했다고 볼 수도 없고, 그렇다고 유보하고 있다고 볼 수도 없는 경우에는 통제 기준을 적용한다. 금융자산에 대한 통제를 유보하고 있지 않다고 판단되면 해당 금융자산을 제거한다.

③ 지속적 관여(continuous involvement) : 금융자산에 대한 통제를 유보하고 있으면 해당 금융자산에 대하여 지속적인 관여를 하고 있는 것으로 보고, 지속적 관여의 정도에 상당하는 부분까지 해당 금융자산을 제거하지 않고 계속하여 인식한다.

10. 금융부채란 무엇인가?

K-IFRS에서는 다음의 부채를 금융부채(financial liabilities)로 정의하고 있다.

① 거래상대방에게 현금 등 금융자산을 인도하기로 한 계약상의 의무 또는 잠재적으로 불리한 조건으로 거래상대방과 금융자산이나 금융부채를 교환하기로 한 계약상의 의무

② 자기지분상품(주식)으로 결제하거나 결제할 수 있는 다음 계약으로서 (가) 인도할 자기지분상품의 수량이 확정되지 않은 비파생상품 또는 (나) 확정 수량의 자기지분상품에 대하여 확정금액의 현금 등 금융자산을 교환하여 결제하는 방법이 아닌 방법으로 결제되거나 결제될 수 있는 파생상품

11. 금융부채에 해당하는 몇 가지 부채의 예를 들고 왜 금융부채에 해당하는지 간략하게 밝혀라.

매입채무(accounts payable), 지급어음(notes payable), 차입금(loans payable), 사채(bonds payable) 등이 금융부채에 해당한다. 이들은 거래상대방에게 현금 등 금융자산을 인도하기로 한 계약상의 의무에 해당하기 때문에 금융부채가 된다.

또한, 회계처리 목적상 금융부채는 크게 FVPL부채와 AC부채로 구분한다. FVPL부채는 단기매매금융부채와 회사가 공정가치선택권(fair value option)을 이용하여 지정한 FVPL부채로 구성된다.

12. 복합금융상품이란 무엇을 의미하며, 대표적으로 어떤 것들이 있는가?

복합금융상품(compound financial instruments)이란 부채요소와 자본요소를 겸비한 금융상품을 의미한다. 예를 들어, 보유자가 확정수량의 발행자의 보통주로 전환할 수 있는 사채, 즉 전환사채는 복합금융상품이다. 이와 같은 금융상품의 발행자는 ① 금융부채 요소와 ② 지분상품 요소를 구분해야 한다.

13. 복합금융상품을 부채요소와 자본요소로 구분하는 방법은 무엇인가?

금융상품의 발행자는 ① 금융부채 요소와 ② 지분상품 요소를 구분해야 한다. 복합금융상품을 두 가지 요소로 나누는 경우 자본요소에는 복합금융상품 전체의 공정가치에서 부채요소에 대하여 결정한 금액을 차감한 잔액을 배분한다. 즉, 두 요소의 공정가치에 근거하는 비례법(proportional method)을 사용하는 것이 아니라, 부채요소의 공정가치를 먼저 결정하고 복합금융상품 공정가치와 부채요소의 공정가치 차액을 자본요소에 배분하는 차감법(deduction method)을 사용한다.

14. FVPL부채에 대한 자기신용위험으로 인한 공정가치 변동은 어떻게 회계처리하는가?

공정가치 변동액 중 자기신용위험 변동으로 인한 부분은 당기손익이 아닌 기타포괄손익으로 인식해야 한다. 이와 같이 회계처리를 하는 이유는 자기신용위험 변동으로 부채의 가치가 하락한 부분을 당기이익으로 인식하는 것은 경제적 실질과 상충된다고 보기 때문이다. 자기신용위험 변동으로 인하여 인식한 기타포괄손익누계액은 해당 금융부채 제거(소멸)시 당기손익으로 재순환하지 않고 자본 내 다른 항목으로 이전해야 한다.

15. 어떤 경우 금융자산과 금융부채를 상계할 수 있는가?

금융자산과 금융부채는 상계하지 않는 것이 원칙이다. 그러나 금융자산과 금융부채는 다음의 조건을 모두 충족하는 경우에만 상계하고 재무상태표에 순액으로 표시한다.

① 인식한 자산과 부채에 대해 법적으로 집행가능한 상계권리를 현재 보유하고 있다.

② 순액으로 결제하거나, 자산을 실현하는 동시에 부채를 결제할 의도를 가지고 있다.

16. 금융부채는 어느 때 제거해야 하는가?

금융부채(또는 금융부채의 일부)는 소멸한 경우에만 재무상태표에서 제거한다. 여기에서 소멸한 경우란 계약상 의무가 이행, 취소 또는 만료된 경우를 말한다.

17. 다음 사채이자율의 같은 점과 다른 점을 설명하라.

(1) 표시이자율 : 사채의 권면에 표시된 이자율로서 사채의 만기에 걸쳐 매기 지급하기로 한 이자율을 의미한다. 표시이자율은 시장이자율과 다른 것이 일반적인데 시장이자율은 시시각각 변화하지만 표시이자율은 만기에 걸쳐 변화하지 않기 때문이다.

(2) 유효이자율 : 사채의 만기에 걸쳐서 이자비용(이자수익)을 계산하는 데 사용하는 이자율로서, 주로 시장이자율에서 출발하지만 만약 사채발행비가 있는 경우에는 이를 고려하여 조정한 이자윤을 말한다. 따라서 사채발행비가 있는 경우 중요한 차이는 없지만 시장이자율보다는 유효이자율이 약간 높을 수 있다.

18. 사채와 관련하여 다음 금액간 차이를 설명하라.

(1) 액면금액 : 사채의 액면금액은 사채의 권면에 표시된 가액으로서 사채의 만기에 지급할 금액이면서 동시에 매 이자지급시에 현금이자를 계산하는 기준금액이다.

(2) 시장가치 : 사채의 시장가치는 사채가 사채시장에서 거래되는 금액으로서 사채의 현금흐름을 거래시점의 시장이자율로 할인하여 구할 수 있다.

(3) 만기금액 : 사채의 만기금액은 사채의 만기에 지급하는 금액으로서 사채의 액면금액과 이자지급방식에 따라 달라진다. 액면금액과 이자를 모두 만기에 지급한다면 액면금액에 이자를 합산한 금액이 사채의 만기금액이 된다.

19. 사채할인발행차금과 사채할증발행차금은 사채발행시 어떤 상태에서 발생하는가?

사채발행시의 사채의 표시이자율이 시장이자율보다 낮은 경우에 사채는 할인발행되어 사채할인발행차금이 발생한다. 반면, 사채할증발행차금은 사채의 액면금액보다 발행금액이 높을 경우에 발생한다.

20. 미상각 사채할인발행차금 및 미상각 사채할증발행차금은 재무제표에 어떻게 보고되어야 하는가?

사채할인발행차금과 사채할증발행차금은 사채의 평가계정(evaluation accounts)이기 때문에 사채에 각각 차감하고 부가하는 방식으로 보고해야 한다. 따라서 사채할인발행차금이 있을 경우 사채의 액면금액에서 사채할인발행차금을 차감하여 장부금액으로 사채를 보고하고, 사채할증발행차금이 있을 경우 사채의 액면금액에 사채할증발행차금을 가산하여 장부금액으로 사채를 보고해야 한다.

21. 사채를 할증발행하였다. 사채기간 동안 매년 이자비용은 증가하겠는가 또는 감소하겠는가? 그 이유를 설명하라.

사채를 할증발행하였다는 말은 사채발행시의 표시이자율이 시장이자율보다 높다는 것을 의미한다. 이는 사채의 현금이자비용이 유효이자비용에 비하여 높다는 것을 의미한다. 따라서 사채할증발행차금의 상각을 통하여 현금이자비용을 유효이자비용으로 감소시켜야 한다. 즉, 사채할증발행차금의 존재는 상각액만큼 이자비용을 감소시킨다는 것을 의미한다.

연습문제

9-1 매출채권의 팩토링

(1) 소구권이 없는 조건으로 판매된 경우

(차) 현　　금	900,000*	(대) 매 출 채 권	1,000,000
채권매각손실	55,000**		
팩토링채권	45,000***		

* ₩1,000,000 × 90% = ₩900,000
** 팩토링수수료 + 유보된 매출채권의 장부금액과 공정가치의 차이
= ₩1,000,000 × 3.5% + (₩100,000 − ₩80,000)
= ₩55,000
*** ₩1,000,000 − ₩900,000 − ₩55,000 = ₩45,000

(2) 소구권부 조건으로 양도되었으나 매각조건을 충족한 경우

(차) 현　　금	900,000	(대) 매 출 채 권	1,000,000
채권매각손실	59,000*	소구권부채	4,000
팩토링채권	45,000		

* 소구권이 없는 조건의 채권매각손실에 소구권부채의 공정가치를 더한 금액

9-2 금융상품의 양도

일　자	제거할 수 있는 양도		제거할 수 없는 양도	
4. 1 (용역수익 인식)	받을어음 　용역수익	30,000 30,000	받을어음 　용역수익	30,000 30,000
7. 1 (받을어음 할인)	현　　금 채권처분손실 　받을어음 　이자수익	30,555 195 30,000 750	현　　금 이자비용 　단기차입금 　이자수익	30,555 195* 30,000 750
10. 1 (정상결제)	− 분개 없음 −		단기차입금 　받을어음	30,000 30,000

* 만기금액 : ₩30,000 + ₩30,000 × 10% × 6/12 = ₩31,500
할 인 액 : ₩31,500 × 12% × 3/12 = (945)
현금수취액 : = ₩30,555
장부금액 : ₩30,000 + ₩30,000 × 10% × 3/12 = (30,750)
채권처분손실 (또는 이자비용) : = ₩195

9-3 받을어음 거래

일자	남강(주)	북산(주)
5. 1	외상매입금 600,000 지 급 어 음 600,000	받 을 어 음 600,000 외상매출금 600,000
5.16	– 분개 없음 –	미 수 이 자 2,500* 이 자 수 익 2,500 현 금 598,563** 채권처분손실 3,937 받 을 어 음 600,000 미 수 이 자 2,500
6.30	지 급 어 음 600,000 현 금 600,000 이 자 비 용 10,000 현 금 10,000	

* ₩600,000×0.1×15/360=₩2,500
** 만기금액 : ₩600,000+₩600,000×0.1×60/360=₩610,000
할인액 : ₩610,000×0.15×45/360=₩11,437
현금수령액 계산 : ₩610,000−₩610,000×0.15×45/360=₩598,563

9-4 투자사채의 처분

처분시점에 기타포괄손익으로 누적시켜왔던 FVOCI자산평가이익을 당기손익으로 재분류하는 회계처리를 해야 한다. 따라서 처분손익은 원래 취득원가와 처분대가의 차이로 계산하며, 회계처리는 다음과 같다.

〈20×1. 6. 30〉

(차) 현 금	90,000	(대) FVOCI자산	93,200
금융자산평가이익	2,000		
금융자산처분손실	1,200		

9-5 FVPL자산의 처분

〈20×2. 2. 1〉

(차) 현 금	210,000*	(대) FVPL자산	200,000**
		금융자산처분이익	10,000

* 500주×₩420=₩210,000
** 500주×₩400(처분시 주당 장부금액)=₩200,000

9-6 금융상품 관련 수익과 비용의 구분

(1) 상환불능 우선주에 지급한 배당금 : 자본(이익잉여금)에서 차감
(2) 보유자의 선택권에 따라 상환가능한 우선주에 지급된 배당금 : 보유자의 선택권에 따라 상환해야 한다면 이는 부채로 보아야 한다. 따라서 금융부채로 분류된 우선주에 대한 배당금은 이자비용의 성격으로 보아 당기손익에 반영해야 한다.
(3) 5년 만기 고정이자지급조건의 지급어음에서 발생한 이자지급액 : 이자비용으로 보아 당기손익에 반영해야 한다.
(4) 복합금융상품으로 구분된 전환사채에서 발생한 이자지급액 : 복합금융상품 중 금융부채로 구분된 부분에서 빌생한 이자지급액은 비용으로 당기손익에 반영해야 한다.

9-7 전환사채의 발행(부채요소와 자본요소)

전환사채의 발행가격 :			₩9,520
일반사채의 현재가치(부채요소)			
원금의 현재가치 :	₩10,000×0.7118=	₩7,118	
이자의 현재가치 :	₩800×2.4018=	1,921	9,039
전환권(자본요소)			₩481

〈전환사채 발행의 분개 : 부채요소와 자본요소의 구분〉

(차) 현 금	9,520	(대) 금 융 부 채	9,039
		전환권(자본)	481

9-8 사채의 할인발행과 할증발행

(1) 할증발행 (2) 할인발행 (3) 액면발행

사채의 표시이자율과 시장이자율이 다른 경우 현재가치할인차금이 발생하게 되고, 양자가 같은 경우에는 사채는 액면발행된다. 사채의 표시이자율이 시장이자율(또는 유효이자율)보다 낮은 경우에는 사채는 할인발행되고, 표시이자율이 시장이자율보다 높은 경우에는 할증발행된다.

사채가 할인발행된다는 것은 투자자들이 표시이자율 이상의 수익률을 요구한다는 것을 의미한다. 투자자로서는 동일한 위험을 갖는 다른 곳에 투자를 한다면 보다 높은 수익을 얻을 수 있을 때 표시이자율에 만족할 수 없으므로 시장이자율과 동일한 수익률을 보장해 줄 것을 요구하게 된다. 표시이자율은 사채의 권면에

표시된 이자율로서 이의 변경은 불가능하여 투자자들은 액면가를 지급하지 않고 시장이자율을 확보해 주는 금액만큼만 해당 사채의 대가로 지급하게 되어 할인발행되게 된다. 할증발행되는 사채는 동일한 논리를 이용하여 표시이자율이 시장이자율보다 높은 경우에는 투자자들은 액면가 이상을 지급하게 된다.

9-9 사채의 회계처리 (1)

(1) 〈20×1. 5. 1〉

(차) 현 금	884,000	(대) 사 채	850,000
		미지급사채이자	34,000*

* ₩850,000×0.12×4/12
유효이자율 추산 : 발생이자가 ₩34,000이므로 액면가의 4%에 해당하여 사채가 액면발행된 것을 알 수 있다. 따라서 본 사채는 실제 발행시 표시이자율과 유효이자율이 동일함을 알 수 있다.

(2) 〈20×1. 12. 31〉

(차) 사채이자비용	68,000*	(대) 미지급사채이자	68,000

* ₩850,000×12%×8/12=₩68,000

(3) 〈20×2. 1. 1〉

(차) 미지급사채이자	102,000	(대) 현 금	102,000

(4) 〈20×2. 4. 1〉

(차) 사 채	510,000	(대) 현 금	520,200**
사채이자비용	15,300*	사채상환이익	5,100***

* ₩510,000×12%×3/12=₩15,300
** ₩510,000×1.02=₩520,200
*** 사채상환이익=₩510,000−(₩520,200−₩15,300)=₩5,100

(5) 〈20×2. 12. 31〉

(차) 사채이자비용	40,800*	(대) 미지급사채이자	40,800

* (₩850,000−₩510,000)×12%=₩40,800

9-10 사채의 회계처리 (2)

(1) 사채의 액면금액 = 장부금액 + 미상각잔액 = ₩190,393 + ₩9,607 = ₩200,000
표시이자율 = 현금이자 / 액면금액 = ₩20,000 / ₩200,000 = 0.1(10%)
유효이자율 = 사채이자 / 기초장부금액 = ₩22,847 / ₩190,393 = 0.12(12%)
⇒ (표시이자율 < 유효이자율)이므로 할인발행

(2) (차) 현 금 190,393 (대) 사 채 200,000
사채할인발행차금 9,607

(3) (차) 사채이자비용 22,847 (대) 현 금 20,000
사채할인발행차금 2,847

(4) (차) 사채이자비용 23,189 (대) 현 금 20,000
사채할인발행차금 3,189

9-11 사채의 회계처리 – 발행 및 상환

(1) 준화(주)의 사채발행
발행금액 : ₩250,000 × 0.7050(6%, 6기간 단일금액 현재가치) + ₩12,500 × 4.9173 (6%, 6기간 정상연금 현재가치) = ₩176,250 + ₩61,466 = ₩237,716

사채할인발행차금상각표

일 자	유효이자	현금이자	상각액	사채할인발행차금	장부금액
20×1. 2. 1				₩12,284	₩237,716
20×1. 8. 1	₩14,263	₩12,500	₩1,763	10,521	239,479
20×2. 2. 1	14,369	12,500	1,869	8,652	241,348
20×2. 8. 1	14,481	12,500	1,981	6,671	243,329
20×3. 2. 1	14,600	12,500	2,100	4,571	245,429
20×3. 8. 1	14,726	12,500	2,226	2,345	247,655
20×4. 2. 1	14,845	12,500	2,345	0	250,000

〈분 개〉
20×1. 2. 1 (사채발행시)
(차) 현 금 237,716 (대) 사 채 250,000
사채할인발행차금 12,284

20×1. 8. 1 (이자지급시)

(차) 이 자 비 용	14,263	(대) 현 금	12,500
		사채할인발행차금	1,763

20×1. 12. 31 (회계기말) : 20×2. 2. 1까지 이자의 5/6에 해당하는 금액

(차) 이 자 비 용	11,974	(대) 미지급사채이자	10,417
		사채할인발행차금	1,557

20×2. 2. 1 (이자지급시)

(차) 미지급사채이자	10,417	(대) 현 금	12,500
이 자 비 용	2,395	사채할인발행차금	312

(2) 근화(주)의 사채발행과 상환

〈사채발행금액 계산〉

권면상발행일의 현재가치 : ₩300,000 × 0.7513 + ₩36,000 × 2.4868
= ₩225,390 + ₩89,525
= ₩314,915

사채가치 증가액(유효이자발생액) : ₩314,915 × 10% × 1/2 = ₩15,746

실제발행일의 발행금액(현금수취액) : ₩314,915 + ₩15,746 = ₩330,661

표시이자발생액 : ₩300,000 × 12% × 1/2 = ₩18,000

순수사채발행금액 : ₩330,661 − ₩18,000 = ₩312,661

사채할증발행금액 : ₩312,661 − ₩300,000 = ₩12,661

사채할증발행차금상각표*

일 자	유효이자	현금이자	상각액	사채할증발행차금	장부금액
20×1. 1. 1				₩14,915	₩314,915
20×1. 12. 31	₩31,492	₩36,000	₩4,508	10,407	310,407
20×2. 12. 31	31,041	36,000	4,959	5,448	305,448
20×3. 12. 31	30,552	36,000	5,448	0	300,000

* 사채할증발행상각표는 권면상발행일에 발행된 것으로 가정하여 작성해야 한다. 그러나 실제발행일의 분개는 실제발행일의 현금수취와 순수사채발행금액을 이용하여 기록해야 한다.

〈분 개〉

20×1. 7. 1 (사채발행시)

(차) 현 금	330,661	(대) 사 채	300,000
		사채할증발행차금	12,661
		미지급사채이자	18,000

20×1. 12. 31 (이자지급시)

(차) 이 자 비 용	15,746	(대) 현 금	36,000
미지급사채이자	18,000		
사채할증발행차금	2,254*		

* ₩4,508/2 = ₩2,254

(주) 3년간 사채할증발행차금상각액은 이와 같이 계산한 첫 이자지급일의 상각액과 차후 2년도의 상각액을 합한 금액 ₩12,661(₩2,254 + ₩4,959 + ₩5,448)이 바로 실제발행액에 기록한 사채할증발행차금과 같은 금액이 된다.

20×2. 9. 1 (일부상환시)

(차) 이 자 비 용	4,139	(대) 현 금	63,000
사 채	60,000	사채상환이익	3,220
사채할증발행차금	2,081*		

〈계산근거〉

상환부분의 유효사채이자 : ₩31,041 × 1/5(상환부분) × 8/12(당기이자발생기간) = ₩4,139
상환부분의 사채할증발행차금상각액 : ₩4,959 × 1/5 × 8/12 = ₩661
상환부분의 장부금액 : ₩310,407 × 1/5 − ₩661 = ₩61,420
순수사채상환액 : 상환가액(₩63,000) − 표시이자발생액(₩60,000 × 12% × 8/12) = ₩58,200
사채상환이익 : 장부금액(₩61,420) − 순수사채상환가액(₩58,200) = ₩3,220
* 사채할증발행차금 당기 상각액(₩661) + 미상각 사채할증발행차금(₩1,420) = ₩2,081

20×2. 12. 31 (이자지급시)

(차) 이 자 비 용	24,833	(대) 현 금	28,800
사채할증발행차금	3,967		

(주) 사채 일부를 상환한 후의 회계처리는 위 상각표의 20×2년과 20×3년 해당란에 4/5를 곱하여 다음과 같이 사채할증발행차금상각표를 새로 작성한다.

사채 일부 상환후 사채할증발행차금상각표

일 자	유효이자	현금이자	상각액	사채할증발행차금	장부금액
20×2. 12. 31	₩24,833	₩28,800	₩3,967	₩4,358	₩244,358
20×3. 12. 31	24,442	28,800	4,358	0	240,000

제 10 장 부 채

익힘문제

1. 부채를 정의하는 데 가장 중요한 세 가지 특징은 무엇인가?

   ① 기업에게 의무가 있다.

   ② 의무는 경제적 자원을 이전하는 것이다.

   ③ 의무는 과거 사건의 결과로 존재하는 현재의무이다.

2. 현재가치는 부채의 개념과 어떻게 관련되는가?

   수취채권이나 지급채무는 원칙적으로는 수취시기나 지급시기가 일정기간 후에 도래하기 때문에 현재가치로 평가하는 것이 정확하다고 볼 수 있다. 그러나 1년 내에 결제될 것으로 예상되는 무수히 많은 채권과 채무를 현재가치로 평가하는 경우 그 효익-비용의 관점에서 정당화하기 어렵다. 그러나 장기연불조건의 매매거래나 금전대차거래에 따른 수취채권이나 지급채무는 현금의 수취 및 지급시기가 1년 이후이기 때문에 현재가치로 평가하는 것이 합리적이다. 따라서 비유동채무는 원칙적으로 현재가치로 평가해야 한다.

3. 매입채무와 미지급금은 어떻게 다른가?

   매입채무란 기업의 정상적인 영업활동에서 재화와 용역 등을 외상으로 구입함으로써 발생한 유동부채인 반면, 미지급금(accounts payable-nontrade)은 정상적인 영업활동 이외에서 발생한 채무로서 미지급비용을 제외한 것을 말한다.

4. 선수금과 선수수익을 구분하여 설명하라.

선수금(advances from customers)은 수주공사, 수주품 및 기타 일반적 상거래에서 발생한 선수액을 말한다. 즉 일반적 상거래에서 미래에 상품이나 용역을 제공하기로 하고 대금의 전부 또는 일부를 미리 수령한 것으로서 계약의 이행을 보증하는 역할을 한다. 정상적으로 상거래가 진행된다면 화폐로 지급하지 않고 상품이나 용역을 제공함으로써 거래가 완료되는 것들이다. 따라서 통상적으로 선수금은 비화폐성부채(non-monetary liabilities)로 분류한다.

선수수익(unearned revenue)은 기업이 일정기간 동안 계속적으로 용역을 제공하기로 약정하고 받은 수익 중 차기 이후에 속하는 금액을 말한다. 예컨대 건물임대료를 받은 것 중 차기 이후에 속하는 것, 컴퓨터를 판매하고 사후서비스대가로 받은 금액 등과 같은 것이 선수수익의 예이다. 이는 기말 수정분개에서 이연항목(deferred items)에 해당하는 것으로서, 현금을 수취할 때 선수수익(부채)계정에 대기하였다가 용역을 제공한 시점(혹은 회계기말)에 선수수익계정에 차기하고 수익계정에 대기한다.

5. 유동성장기부채를 설명하라.

비유동부채 중 1년 내에 만기일이 도래하는 부분은 유동부채로 재분류해야 한다. 이와 같이 비유동부채가 유동부채로 재분류된 것을 유동성장기부채(current maturities of long-term debts)라고 한다.

6. 확정부채, 충당부채 및 우발부채를 구분하라.

확정부채는 현재의무의 이행에 따라 자원의 유출가능성이 높고 결제될 금액을 신뢰성 있게 측정할 수 있어서 재무제표에 인식할 수 있는 부채를 의미한다. 충당부채는 우발부채 중 자원의 유출가능성이 높을 뿐만 아니라 금액을 합리적으로 추정가능한 경우에 한하여 재무제표에 인식하는 부채를 의미한다. 우발부채는 부채의 존재여부, 금액 및 지급시기 등에 대한 불확실성이 존재하는 부채로서 장래에 특정한 사건이 발생함으로써 부채의 존재, 금액 및 지급시기 등이 결정되는 부채이다.

7. 충당부채를 간단히 설명하고 대표적인 사례들을 들어보라. 충당부채는 어떤 상황하에서 기록되어야 하는가?

충당부채는 우발부채 중 자원의 유출가능성이 높을 뿐만 아니라 금액을 합리적으로 추정가능한 경우에 한하여 재무제표에 인식하는 부채를 의미한다. 현재 충당부채로 인식하는 부채는 제품보증충당부채, 퇴직급여충당부채 등이 있다. 제품보증충당부채는 부채의 존재여부, 금액 및 지급시기 등에 대한 불확실성이 존재하는 부채이지만 인식요건을 충족하는 경우에 인식하는 충당부채이다. 그러나 퇴직급여충당부채는 부채의 존재는 확실하며, 금액의 추정도 합리적으로 가능하지만 지급시기에 대한 불확실성만이 존재하기 때문에 그 성격이 상이하다. 특히 퇴직급여충당부채는 과거에 종업원이 회사에 대하여 제공한 노동력에 대한 대가라는 점에서 우발부채의 성격을 갖기보다는 확정권리(vested rights)를 인정하는 부채이다. 따라서 종업원이 노동력을 제공한 기간에 귀속시키기 위하여 퇴직급여비용과 퇴직급여충당부채를 인식하는 것이기 때문에 다른 종류의 충당부채에 비하여 성격이 많이 다르다.

8. 제품보증비의 인식에 있어서 충당부채설정법과 이연수익법을 비교설명하라.

제품의 품질을 보증하는 판매는 제품의 판매와 용역의 제공이라는 두 가지 거래의 합성판매로 볼 수 있다. 이 경우 제품보증이 판매를 촉진하기 위한 보조적인 성격만을 가지며 보증활동 자체를 별도의 수행의무로 보지 않는다면 제품의 판매시에 제품보증비용을 인식하고 제품보증충당부채를 인식해야 한다. 이러한 회계처리를 충당부채설정법 또는 보증비용인식법(expense warranty treatment)이라고 한다. 한편, 품질보증이 중요한 용역제공활동으로서 제품판매와 구분되는 수행의무로 볼 수 있다면 보증수익을 제품판매수익과 구분하여 회계처리한다. 따라서 판매가액 중에서 제품보증에 해당하는 수익은 이연수익으로 인식하고, 실제 제품보증활동이 이루어진 시점에 보증수익을 인식한다. 이 방법은 제품보증을 별도의 용역제공활동이라고 보기 때문에 이연수익법(deferred revenue method) 또는 보증수익인식법(sales warranty treatment)이라고 한다.

9. 할인쿠폰 또는 포인트의 판매를 포함한 제품 매출의 회계처리에 대해 설명하라.

상품의 반복구매를 유도하기 위하여 상품을 판매하면서 할인쿠폰 또는 포인트를 제공하는 경우가 있다. 이러한 판매는 상품의 판매와 할인쿠폰 및 포인트의 행사로부터 이어질 미래 판매에 대한 이연수익의 두 가지 수행의무가 포함된 것으로 볼 수 있다. 따라서 판매가격을 두 개의 수행의무에 배분하여 판매된 부분에 대해서는 매출을 인식하고 이연수익은 부채로 인식한 후에 나중에 할인쿠폰의 행사시점에 매출을 인식하고 이연수익은 감액시켜야 한다.

10. 고객충성제도를 운영하는 경우 고객충성제도에 참여하고 있는 고객으로부터 수취한 대가는 어떻게 회계처리해야 하는가?

고객충성제도가 별도의 수행의무로 판단되면 상대적 개별거래가격을 기준으로 고객으로부터 받은 대가를 용역(수행의무)과 고객충성제도(수행의무)에 배분해야 한다. 고객충성제도에 배분된 금액은 아직 수행의무가 충족되지 않았기 때문에 이연수익으로 계상하고, 포인트가 사용되어 용역이 제공되는 시점에 수익으로 인식해야 한다. 이 경우 고객들이 획득한 포인트가 모두 회수되지는 않기 때문에 기대회수율을 고려하여 이연수익을 추정한다.

보-1. 퇴직연금제도는 어떤 식으로 작동하는가?

회사는 퇴직연금기금(pension fund)에 정기적으로 기여금을 출연하고, 퇴직연금을 지급할 수 있도록 출연된 자산을 잘 운용할 수 있는 신탁인을 선임하여 자산을 관리하는 것이 필수적이다. 퇴직연금기금은 회사와 독립된 별개의 실체로서 회사로부터 기여금을 받아서 연금기금(사외적립자산)을 관리하고, 퇴직종업원(연금수혜자)에게 퇴직연금을 지급하는 역할을 한다. 이와 같은 퇴직급여제도의 일반적인 작동방식을 요약하면 아래 그림과 같다.

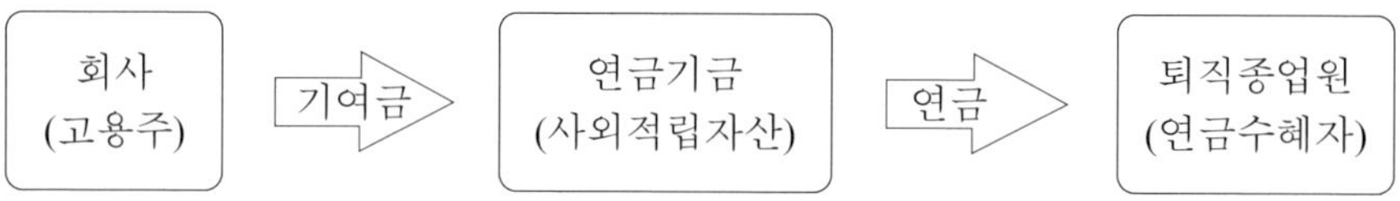

보-2. 확정기여형연금제도와 확정급여형연금제도를 간단하게 비교설명하라.

확정기여제도(defined contribution plan : DC)는 기업이 별개의 실체인 퇴직기금에 고정기여금을 납부하는 퇴직급여제도이다. 확정기여제도에서는 근로자가 퇴직연금 운용방법에 대하여 책임을 지게 되어, 적립금의 운용방법을 잘못 선택하는 경우에는 근로자가 손실을 볼 수도 있다. 그리고 이 제도에서는 퇴직기금이 종업원의 퇴직급여를 지급해야 하는 충분한 자산을 보유하지 못하더라도 기업이 추가로 기여금을 납부해야 하는 의무가 없다.

확정급여제도(defined benefit plan : DB)는 DC 이외의 모든 퇴직급여제도를 말하는데, 이 제도하에서는 근로자가 받을 퇴직급여의 규모와 내용이 기업과 사전에 약정된다. 그리고 기업이 퇴직급여와 관련된 기금의 운용을 책임지기 때문에 기금의 운용실적에 따라 기업이 부담해야 하는 기여금은 변하게 된다. 기금의 운용실적이 양호하면 기업의 기여금이 줄어들지만 운용실적이 저조하면 기여금이 증가한다.

두 퇴직급여제도의 특성을 비교하여 요약하면 다음 표와 같다.

퇴직급여제도		
	확정기여제도(DC)	확정급여제도(DB)
원 리	• 기업의 기여금이 사전에 정해짐 • 근로자가 기금의 운용을 책임짐	• 근로자의 퇴직연금이 사전에 정해짐 • 기업이 기금의 운용을 책임짐
기업의 기여금	• 사전 확정 • 근로자가 투자위험과 보험수리적 위험을 부담함	• 기금의 운용실적에 따라서 변동 • 기업이 투자위험과 보험수리적 위험을 부담함
근로자의 퇴직급여액	기금 운용실적에 따라 차이가 있음	기금 운용실적에 따라 차이가 없음

보-3. 순확정급여부채는 어떻게 측정하는가?

재무상태표에 확정급여제도의 퇴직급여와 관련되어 표시되는 부채 또는 자산은 순확정급여부채(자산)인데, 이는 아래와 같이 확정급여채무에서 사외적립자산을 차감해서 순액으로 측정한다.

확정급여채무의 현재가치
− 사외적립자산의 공정가치
= 순확정급여부채(자산)

자산이 채무보다 작으면 과소적립액(부채)이라 하고, 그 반대의 경우를 초과적립액(자산)이라 한다.

보-4. 확정급여채무란 무엇이며 어떻게 측정하는가?

확정급여채무는 종업원이 퇴직한다면 지급해야 할 퇴직급여의무이다. 종업원은 퇴직시 퇴직연금을 받을 수도 있고 퇴직일시금을 선택할 수도 있다. 그런데 종업원이 언제 퇴직할지, 퇴직할 때까지의 임금상승률이 얼마일지, 몇 세까지 생존할지, 그동안 시장이자율은 얼마나 될지 알 수 없기 때문에 여러 가지 보험수리적 가정을 하고 이를 추정해서 확정급여채무를 산출한다. 보험수리적 가정이란 인구통계학적 가정(이직률, 조기퇴직률, 사망률, 피부양자 등)과 재무적 가정(할인율, 임금상승률, 의료보험금청구원가 등)을 의미한다. 확정급여채무는 미래 지급할 것으로 예상되는 퇴직급여의 현재가치로 측정한다.

보-5. 사외적립자산은 무엇이며 어떻게 측정하는가?

사외적립자산(plan assets) 또는 연금기금(pension fund)이란 기업이 종업원의 퇴직급여를 지급하기 위해서 적립해 놓은 자산이다. 퇴직한 종업원에게 기업이 퇴직일시금을 지급하거나 퇴직연금을 계속 지급하기 위해서는 이를 지급할 수 있는 밑천이 되는 수익성 자산(현금, 주식, 채권, 부동산 등)을 마련해야 한다. 사외적립자산은 기업과는 별개로 이자, 배당금 또는 기타의 수익을 계속 창출할 수 있는 자산의 형태로 운용되며, 사외적립자산은 공정가치로 측정한다.

보-6. 보험수리적손익과 재측정요소란 무엇이며 어떻게 회계처리하는가?

보험수리적손익은 보험수리적 가정의 변동(이직률, 조기퇴직률, 사망률, 임금상승률, 급여 또는 의료원가, 할인율 등)과 경험조정으로 인하여 확정급여채무 현재가치의 증감이 있을 때 발생한다. 따라서 보험수리적 가정이 실제와 다르거나 추정치가 변경되는 경우 등에는 보험수리적손익이 발생한다. 보험수리적손익은 확정급여채무와 관련하여 발생하며, 사외적립자산의 경우는 보험수리적손익이 발생하지 않는다.

사외적립자산의 운영으로부터 각종 수익(이자수익, 배당수익, 평가손익 등)이 발생한다. 순이자원가는 순확정급여부채(자산)의 구성항목인 기초 확정급여채무의 현재가치에 할인율(우량회사채 시장수익률)을 곱하여 측정한 이자원가와 기초 사외적립자산의 공정가치에 동일한 할인율을 곱하여 측정한 이자수익의 차액을 의미한다. 따라서 사외적립자산에서 발생한 당기 실제수익 합계액에서 이자수익을 차감한 금액을 재측정요소로 처리한다.

확정급여채무에서 발생한 보험수리적손익과 사외적립자산에서 발생한 재측정요소는 보유기간중에 이자요소를 제외한 공정가치(현재가치 포함)의 변동이라는 공통점을 갖고 있다. 따라서 이 두 가지는 기타포괄손익으로 하여 당기손익에 반영하지 않고, 나중에 당기손익으로 재분류도 할 수 없도록 되어 있다.

확정급여채무에서 발생하는 보험수리적손익(재측정요소)은 확정급여채무의 현재가치와 장부금액의 차이로 측정한다. 확정급여채무의 현재가치가 장부금액을 초과하는 경우 확정급여채무를 증가시키고 재측정요소(미실현손실에 해당)를 차변에 기록하며, 그 반대의 경우에는 확정급여채무를 감소시키고 재측정요소(미실현이익에 해당)를 대변에 기록한다.

〈확정급여채무의 현재가치가 장부금액을 초과하는 경우〉

(차) 재측정요소 ××× (대) 확정급여채무 ×××

〈확정급여채무의 현재가치가 장부금액에 미달하는 경우〉

(차) 확정급여채무 ××× (대) 재측정요소 ×××

사외적립자산에서 발생하는 재측정요소는 공정가치와 장부금액의 차이로 측정한다. 사외적립자산의 공정가치가 장부금액을 초과하는 경우 사외적립자산을 증가시키고 재측정요소(미실현이익에 해당)를 대변에 기록하고, 그 반대의 경우에는 재측정요소(미실현손실에 해당)를 차변에 기록하고 사외적립자산을 감소시킨다.

〈사외적립자산의 공정가치가 장부금액을 초과하는 경우〉

(차) 사외적립자산 ××× (대) 재측정요소 ×××

〈사외적립자산의 공정가치가 장부금액에 미달하는 경우〉

(차) 재측정요소 ××× (대) 사외적립자산 ×××

보-7. 퇴직급여원가의 구성요소는 어떤 것들이 있는가? 구성요소를 간단하게 설명하라.

퇴직급여원가는 매 회계기간에 종업원의 퇴직급여와 관련해서 계상하는 원가이다. 퇴직급여원가에는 여러 가지 요소가 고려되어야 한다. 퇴직급여원가는 근무원가, 순확정급여부채(자산)의 순이자원가, 재측정요소라는 세 가지 요소로 구성되어 있다. 세 가지 퇴직급여원가 중 근무원가와 순확정급여부채(자산)의 순이자는 당기손익으로 회계처리하고, 재측정요소는 기타포괄손익으로 회계처리하되 나중에 손익으로 재분류할 수 없다. 퇴직급여원가의 구성요소, 각 요소의 계산방식 및 회계처리를 요약하면 다음 표와 같다.

구성요소	구성요소 및 계산방식	회계처리
근무원가	당기근무원가, 과거근무원가, 정산손익	당기손익
순확정급여부채(자산)의 순이자원가	(확정급여채무−사외적립자산)×할인율	당기손익
재측정요소	보험수리적손익, 사외적립자산의 수익(이자제외), 자산인식상한효과의 변동(이자제외)	기타포괄손익

보-8. 예측단위적립법이란 무엇인가?

기업은 예측단위적립법(projected unit credit)이라는 보험수리적 평가기법을 이용하여 당기근무원가를 측정한다. 예측(projected)은 현재 임금 대신 퇴직 전 최종임금을 예측한다는 것을 의미한다.

퇴직급여채무의 측정에 영향을 미치는 요소 중 중요한 의미를 갖는 것이 두 가지가 있는데, 이들은 임금수준(현재임금, 미래임금)의 선택과 퇴직급여의 가득여부(가득, 미가득)에 따른 선택이다. 이 두 가지 요소의 결합에 따라 세 가지 방식의 퇴직급여채무의 측정이 가능하다. 가득퇴직급여채무(vested benefit obligation)는 종업원의 추가적인 근무조건이 없이 이미 가득된 채무로서, 현재 임금수준을 이용하여 퇴직급여채무를 측정한 것이다. 누적퇴직급여채무(accumulated benefit obligation)는 가득된 퇴직급여와 함께 미가득된 퇴직급여채무를 누적시킨 채무로서, 이 역시 현재 임금수준을 이용하여 퇴직급여를 측정한 것이다. 따라서 가득퇴직급여채무에 비하여 미가득퇴직급여가 추가된 것을 말한다. 이에 비해 확정퇴직급여채무(defined benefit obligation)는 가득 및 미가득된 퇴직급여채무로서, 현재 임금수준이 아니라 미래 임금수준(퇴직 전 최종임금수준)을 예측하여 퇴직급여를 측정한 것이다. 따라서 누적퇴직급여에 비하여 미래임금과 현재임금의 차이에 대한 부분만큼 퇴직급여채무가 증가한다.

연습문제

10-1 매입채무와 단기차입금

(1) 분 개

〈9월 1일〉

(차) 매 입	100,000	(대) 매 입 채 무	100,000

〈10월 1일〉

(차) 매 입 채 무	100,000	(대) 지 급 어 음	100,000

〈10월 1일〉

(차) 현 금	200,000	(대) 어음차입금	250,000
단기차입금할인차금	50,000		

(2) 20×1. 12. 31 수정분개

(차) 이 자 비 용	2,500	(대) 미지급이자	2,500*

* ₩100,000×10%×3/12

(차) 이 자 비 용	12,500	(대) 단기차입금할인차금	12,500*

* ₩50,000×3/12

(3) 매입채무와 단기차입금의 순부채액(부채총액－부채의 차감계정)

지 급 어 음	₩100,000
미지급이자	2,500
어음차입금	250,000
차감 : 어음할인액(₩50,000－₩12,500)	(37,500)
순 부 채 액	₩315,000

10-2 약속어음의 발행에 의한 단기차입금

(1) 20×1. 10. 1(단기차입어음 발행시 분개)

(차) 현 금	954,555*	(대) 단기차입금	1,000,000
차입금할인차금	45,445		

* (₩1,000,000＋₩50,000)×0.9091(10%, 1년 만기금액의 현재가치)＝₩954,555

(2) 20×1. 12. 31(기말수정분개)

(차) 이 사 비 용	23,861	(대)	차입금할인차금	11,361*
			미지급이자	12,500**

* ₩45,445 × 3/12 = ₩11,361
** ₩50,000 × 3/12 = ₩12,500

(3) 20×1. 12. 31 부분재무상태표

유동부채 :		
단기차입금	₩1,000,000	
차감 : 차입금할인차금	(34,084)*	₩965,916

* ₩45,445 − ₩11,361 = ₩34,084

10-3 유동부채

새로운 차입계약에 따라 유동부채 ₩6,000 중 외상매출금 평균잔액의 60%는 비유동부채로 재분류해야 한다.

〈부분재무상태표〉	유 동 부 채 :	단기차입금	3,300
	비유동부채 :	장기차입금	2,700*

* (₩4,000 + ₩5,000)/2 × 60%

10-4 원천징수예수금

4월 20일(급여지급일)

(차) 급 여	256,000	(대)	현 금	223,100
			소득세예수금	12,100
			국민연금예수금	4,800
			건강보험료예수금	10,200
			공제회예수금	5,800

5월 1일(원천징수금 납부일)

(차) 소득세예수금	12,100	(대)	현 금	32,900
국민연금예수금	4,800			
건강보험료예수금	10,200			
공제회예수금	5,800			

10-5 충당부채의 인식

[사례 1] 이와 같은 상황에서는 과거의 의무발생사건의 결과로 인한 어떤 현재의 의무도 없다고 판단된다. 이에 따라서 보고기간말(재무상태표일) 현재 충당부채를 인식하지 않으며 내벽 교체비용도 인식하지 않는다. 그 지출 여부는 내벽을 교체할 것인지 아니면 용광로를 그대로 계속 사용할 것인지에 대한 회사의 의사결정에 달려 있으므로 기업의 의사결정과 독립적으로 발생하는 의무가 아니다. 이 경우에는 충당부채를 인식하는 것이 아니라 내벽교체시 내벽교체원가를 자본적 지출로 처리하고 이후 5년에 걸쳐 감가상각하는 것을 고려해야 한다.

[사례 2] 오염에 대한 복구의무를 규정하는 법 제정이 확실하므로 토지를 오염시킨 것은 의무발생사건이 된다. 그 결과 의무이행을 위한 자원의 유출가능성이 높아졌다. 따라서 오염복구비용에 대한 최선의 추정치를 충당부채로 인식해야 한다.

[사례 3] 유정굴착장치의 완공은 법적 의무를 발생시켰다. 왜냐하면, 계약조건에 따라서 그 유정굴착장치를 제거하고 그 시설물로 인한 해저의 손상부분을 원상복구시킬 의무가 있기 때문이다. 반면에 보고기간말 현재, 석유채굴로 인한 의무는 발생되지 않았다. 의무이행을 위한 자원의 유출가능성이 높으므로 유정굴착장치의 제거 및 이로 인한 해저의 원상복구에 지출될 금액에 대한 최선의 추정치(원상복구비의 90%)로 충당부채를 인식한다. 그리고 이 금액은 유정굴착장치의 취득원가에 포함시킨다. 그러나 석유의 채굴로 인하여 발생하는 나머지 10%의 복구비용은 석유를 채굴하는 때에 비용으로 기록하고 이를 충당부채로 인식한다.

10-6 충당부채의 측정

하자보수충당부채＝70%×₩0＋25%×₩20,000＋5%×₩100,000＝₩10,000

10-7 충당부채설정법 – 보증비용인식법

(1) 충당부채설정법에서의 회계처리

〈20×1년도〉

(차)	현 금	1,050,000	(대) 매 출	1,050,000
	제품보증비	102,000	제품보증충당부채	102,000*

* 300×(₩155＋₩185)＝₩102,000

〈20×2년도〉

(차) 제품보증충당부채	46,300	(대)	부 품 재 고	21,400
			미지급인건비	24,900

(2) 충당부채설정법에서는 재무상태표에 미지급인건비 ₩24,900과 함께 제품보증충당부채 ₩55,700(₩102,000－₩46,300)을 보고한다.

10-8 이연수익법 – 보증수익인식법

(1) 보증수익인식법에서의 회계처리

〈20×1년도〉

(차) 현 금	2,250,000	(대)	매 출	2,057,500
			이연제품보증수익	192,500*

* 500×(₩150＋₩200)×110%＝₩192,500

〈20×2년도〉

(차) 이연제품보증수익	77,000	(대)	제품보증수익	77,000*
(차) 제품보증비	70,000	(대)	부 품 재 고	30,000
			미지급인건비	40,000

* 제품보증비 ₩70,000×110%＝₩77,000

(2) 보증수익인식법에서는 재무상태표에 미지급인건비 ₩40,000과 함께 이연제품보증수익 ₩115,500(₩192,500－₩77,000)을 부채로 보고한다.

10-9 할인쿠폰을 포함한 제품의 판매

〈할인쿠폰을 포함한 판매에 대한 분개〉

(차) 현 금	200,000,000	(대)	매 출	185,600,000
			이연수익-할인쿠폰	14,400,000

* 이 판매는 상품판매와 할인권판매라는 두 개의 수행의무로 구성되어 있다. 이연수익에 비분할 금액은 ₩14,400,000(2,000개×₩120,000(평균판매가격)×30%(할인율)×20%(쿠폰행사확률))이고, 나머지 금액을 당기 매출로 인식한다.

〈20×1년중에 할인쿠폰의 행사에 따른 매출에 대한 분개〉

(차) 이 연 수 익	9,000,000*	(대)	매 출	30,000,000
현 금	21,000,000**			

* 250개/400개 × ₩14,400,000 = ₩9,000,000
** 250개 × ₩120,000 × 70% = ₩21,000,000

10-10 고객충성제도

〈고객운송대가의 배분〉

(차) 현 금	60,000,000	(대) 고객운송수익	54,600,000
		이 연 수 익	5,400,000*

* 1,500,000마일 × 30% × ₩12 = ₩5,400,000

〈사용된 마일리지의 인식〉

(차) 이 연 수 익	600,000*	(대) 고객운송수익	600,000

* 50,000마일 × ₩12 = ₩600,000

보-1 확정기여제도

(차) 퇴직급여원가	245,000	(대) 현 금	245,000

보-2 확정기여제도의 퇴직급여

퇴직급여원가	(₩600,000)
퇴직급여선급액	1,000,000
퇴직급여선급액에 대한 이자수익	100,000
납부할 퇴직급여원가	(₩500,000)

(차) 선급퇴직급여원가	1,000,000	(대) 현 금	1,000,000
(차) 선급퇴직급여원가	100,000	(대) 이 자 수 익	100,000
(차) 퇴직급여원가	600,000	(대) 선급퇴직급여원가	600,000

보-3 당기근무원가와 이자원가

(단위 : ₩)

	1년	2년	3년	4년	5년
귀속급여					
과거 연도	—	243	486	729	972
당해 연도(퇴직 전 최종임금의 2%)	243#	243	243	243	243
당해 연도와 과거 연도	243	486	729	972	1,215
기초 확정급여채무1)	—	166	366	603	884
이자원가(할인율=10%)	—	17	36	60	88
당기근무원가2)	166*	183**	201	221	243
기말 확정급여채무3)	166	366	603	884	1,215

\# 5차년도말(기말 현재 4년후)의 최종임금 : ₩10,000×$(1.05)^4$= ₩12,155
5차년도말 최종임금의 2% : ₩12,155×2%= ₩243
* 당기근무원가의 현재가치 : ₩243×$(1+0.1)^{-4}$= ₩166
** 당기근무원가의 현재가치 : ₩243×$(1+0.1)^{-3}$= ₩183
(주) 1) 기초확정급여채무는 과거 연도에 귀속되는 급여의 현재가치를 말한다.
2) 당기근무원가는 당해 연도에 귀속되는 급여의 현재가치를 말한다.
3) 기말확정급여채무는 당해 연도와 과거 연도에 귀속되는 누적확정급여채무의 현재가치를 말한다. 확정급여채무는 퇴직급여를 지급받을 때까지 남은 기간의 현재가치에 근무연수를 곱한 금액이다. 예컨대 4차년도에는 ₩221(현재가치)×4년(근무연수) =₩884이고, 5차년도에는 ₩243(현재가치)×5년(근무연수)= ₩1,215이 된다.

1차년도와 2차년도의 퇴직급여에 대한 분개를 하면 다음과 같다.

〈1차년도말〉

(차) 퇴직급여원가	166	(대) 확정급여채무	166

〈2차년도말〉

(차) 퇴직급여원가	17*	(대) 확정급여채무	17

* 기초확정급여채무의 이자원가(₩166×0.10= ₩17)

(차) 퇴직급여원가	183	(대) 순확정급여채무	183

보-4 과거근무원가

20×3. 1. 1(제도개정이 이루어진 날)

(차) 퇴직급여원가(과거근무원가)	500	(대) 확정급여채무	500

보-5 퇴직급여원가

(1) 퇴직급여원가=근무원가-순이자원가±재측정요소

=₩32,000+(₩24,000-₩18,000)+₩3,000-(₩22,000-₩18,000)

=₩37,000

(2) 당기손익에 반영될 퇴직급여원가=근무원가+순이자원가

=₩32,000+₩6,000=₩38,000

기타포괄손익에 반영될 퇴직급여원가=보험수리적손실-재측정요소

=₩3,000-₩4,000

=₩1,000(대변)

보-6 확정퇴직급여제도의 퇴직급여원가와 분개

사외적립자산		
	기초 공정가치	₩320,000
+	기여금 출연	95,000
+	이자수익*	32,000
-	퇴직급여의 지급	(40,000)
	장부금액(A)	407,000
	기말 공정가치(B)	397,000
	재측정요소(B-A)	(10,000)

확정급여채무		
	기초 현재가치	₩350,000
+	근무원가(당기, 과거)	90,000
+	이자원가**	38,000
-	퇴직급여의 지급	(40,000)
	장부금액(C)	438,000
	기말 현재가치(D)	440,000
	보험수리적손실	2,000

* ₩320,000×10%

** (₩350,000+₩30,000)×10%

(1) 퇴직급여원가

=근무원가(당기, 과거)+순이자원가±재측정요소

=(₩60,000+₩30,000)+(₩38,000-₩32,000)+(₩2,000+₩10,000)

=₩108,000

당기손익에 포함될 퇴직급여원가=근무원가+순이자원가

=₩90,000+₩6,000

=₩96,000

기타포괄손익에 포함될 퇴직급여원가=₩12,000(차변)

(2) 20×1년 퇴직급여와 관련된 분개

〈근무원가〉

(차) 퇴직급여원가	90,000	(대) 확정급여채무	90,000

〈이자원가〉

(차) 퇴직급여원가	38,000	(대) 확정급여채무	38,000

〈이자수익〉

(차) 사외적립자산	32,000	(대) 퇴직급여원가	32,000

〈기여금 출연〉

(차) 사외적립자산	95,000	(대) 현 금	95,000

〈퇴직급여의 지급〉

(차) 확정급여채무	40,000	(대) 사외적립자산	40,000

〈재측정요소〉

(차) 재측정요소	2,000	(대) 확정급여채무	2,000
(차) 재측정요소	10,000	(대) 사외적립자산	10,000

보-7 사외적립자산의 실제수익과 재측정요소

(1) 사외적립자산의 기말 장부금액
=기초 공정가치+기여금출연액−퇴직급여 지급액
=₩230,000+₩25,000−₩35,000
=₩220,000

사외적립자산의 실제수익
=기말 공정가치−기말 장부금액
=₩273,000−₩220,000
=₩53,000

(2) 사외적립자산에서 발생한 재측정요소
=실제수익−이자수익
=₩53,000−₩230,000×10%
=₩30,000

보-8 퇴직급여원가 및 재무제표 보고

〈퇴직급여 관련 항목의 계산〉

사외적립자산	
기초 공정가치	₩600,000
+ 기여금 출연	87,000
+ 이자수익*1)	60,000
− 퇴직급여의 지급	(80,000)
장부금액	667,000
기말 공정가치*3)	661,000
재측정요소*4)	(6,000)

확정급여채무	
기초 현재가치	₩850,000
+ 근무원가(당기, 과거)	185,000
+ 이자원가*2)	98,000
− 퇴직급여의 지급	(80,000)
장부금액(A)	1,053,000
기말 현재가치(B)	1,133,000
보험수리적손실(B−A)	80,000

*1) ₩600,000×10%=₩60,000
2) (₩850,000+₩130,000)×10%=₩98,000
3) 장부금액−재측정요소=₩667,000−₩6,000=₩661,000
4) 실제수익−이자수익=₩54,000−₩60,000=−₩6,000

(1) 퇴직급여원가=근무원가+순이자원가±재측정요소
=₩185,000+(₩98,000−₩60,000)+(₩80,000+₩6,000)
=₩309,000

(2) 손익계산서에 포함될 퇴직급여원가=근무원가+순이자원가
=₩195,000+₩38,000
=₩233,000

(3) 재무상태표에 보고할 항목 및 금액
순확정급여부채
=확정급여채무의 기말 현재가치−사외적립자산의 기말 공정가치
=₩1,133,000−₩661,000=₩472,000
기타포괄손익누계액에 보고할 확정급여제도의 재측정요소
=확정급여채무의 보험수리적손실+사외적립자산의 재측정요소(손실)
=₩80,000+₩6,000
=₩86,000(차변)

제 11 장 자 본

익힘문제

1. 제약규정이 존재하지 않을 때 주식회사 주주의 기본적 권리는 무엇인가?

   특별한 규정이 있는 경우를 제외하고는 소유주식수에 비례한 ① 의결권, ② 이익분배권, ③ 잔여재산분배권 및 ④ 신주발행에 대한 주식선매권(preemptive rights)을 갖는다.

2. 누적적 우선주와 참가적 우선주의 의미를 설명하라.

   누적적 우선주(cumulative preference shares)는 특정 연도에 이익배당을 지급받지 못한 경우에는 차후연도에 보통주에 대한 이익배당을 지급하기 전에 지급받지 못한 이익배당액을 우선적으로 지급받을 수 있는 권리가 부여된 주식을 의미한다. 특별한 규정이 없는 한 우선주는 누적적 우선주로 간주한다. 왜냐하면 우선주가 비누적적인 경우 한 회계연도에 배당을 선언하지 않으면 당해연도분 배당금은 영원히 받을 수 없게 되므로 배당에 대한 우선권 부여가 우선주의 가장 기본적인 권리로 인식되고 있는 일반적인 견해에 어긋나기 때문이다.

   참가적 우선주(participating preference shares)는 정해진 우선주 배당률의 배당을 초과하여 보통주와 함께 일정한 한도까지 이익배당에 참여할 권리가 부여된 우선주를 말한다. 참가적 우선주는 추가적 이익배당에 참가할 수 있는 정도에 따라 다시 완전참가적(fully participating) 우선주와 부분참가적(partially participating) 우선주로 구분된다.

3. 다음 항목들을 설명하라.

수권자본, 발행주식, 유통주식, 자기주식

수권자본(authorized shares)은 주주총회에서 결정하여 놓은 회사가 발행할 수 있는 주식의 총수를 의미한다. 발행주식(number of stocks issued)은 수권자본의 범위 내에서 이사회의 결의에 의하여 주주에게 발행한 주식수를 의미한다. 유통주식(number of stocks outstanding)은 회사가 발행하여 사외에 유통중인 주식수를 의미한다. 자기주식(treasury shares)은 회사가 발행한 주식을 재취득하여 보유하고 있는 주식을 말한다. 따라서 발행주식에서 자기주식을 차감하면 유통주식이 된다.

4. 주식의 발행대가로 현금 이외의 자산을 받았을 때 주식을 평가하는 방법을 기술하라.

주식의 발행대가로 비현금자산을 받은 것을 현물출자라고 한다. 현물출자의 경우 주식의 대가로 받은 자산은 공정가치로 기록해야 한다. 따라서 현물출자로 받은 자산의 공정가치가 발행한 주식의 액면금액을 초과하는 경우 그 차액을 주식발행초과금이라는 자본잉여금으로 기록해야 한다.

5. 신주발행비의 회계처리 대안을 설명하라.

주식발행비는 주식의 발행과 관련하여 직접적으로 발생하는 비용으로서, 예를 들면 법률비용, 회계사수수료, 증권회사수수료, 주권인쇄비, 우송료, 등록비, 사무처리비, 광고비 등을 들 수 있다. 신주발행비를 회계처리하는 방법으로는 이연자산법, 비용처리법, 납입자본차감법 등이 있다.

이연자산법은 신주발행비의 자산성을 인정하는 방법이고, 비용처리법은 주식발행비의 자산성을 인정하지 않고 당기의 비용으로 처리하는 방법이다. 납입자본차감법은 신주발행비를 납입자본에서 차감하는 방법이다. 이 방법은 신주발행비는 기업의 영업활동과 관계가 없으므로 비용으로 처리하여서는 안되고 주식발행으로부터 받은 현금수취액의 차감으로 보는 것이 적절하다는 주장에 근거하고 있다.

6. 원가법에 따른 자기주식의 회계처리방법에 대해 설명하라.

원가법(cost method)에서의 자기주식거래는 연속된 두 단계로 구성되어 있으며, 그 첫 단계는 자기주식의 취득이고 다음 단계는 자기주식의 재발행거래라고 본다. 원가법에서는 기업이 자기주식을 재발행할 것을 전제로 취득한다고 본다.

회계기준에서는 원가법을 따르고 있다. 원가법에서는 자기주식을 취득할 때 지급한 금액을 취득원가로 하여 자기주식계정에 차기하고, 재발행시에도 역시 취득원가로 자기주식계정에 대기한다. 자기주식이 여러 차례의 취득거래로 이루어지고 취득원가가 다른 경우 선입선출법, 평균법 등을 적용하여 원가를 결정한다.

자기주식의 거래에 따라 발생하는 손익은 자본거래의 결과 발생한 것이므로 이를 손익계산서에 반영시키지 않고 원칙적으로 자본잉여금에 가감시킨다. 자기주식의 처분시 처분가액이 취득원가를 상회하면 그 금액만큼 기타자본잉여금 항목인 자기주식처분이익계정에 대기한다. 한편 그 반대의 경우에는 우선 자기주식처분이익계정에 차기하고, 차기해야 하는 금액이 당시의 자기주식처분이익계정의 잔액보다 많으면 그 초과액을 자기주식처분손실계정에 차기한다. 자기주식처분손실계정은 자본의 차감항목인 자본조정으로 분류하고, 이를 결손금처리순서에 따라 처리한다.

7. 자본잉여금의 종류와 그 발생원천에 대해서 기술하라.

자본잉여금은 주식발행초과금, 감자차익, 자기주식처분이익 등이 있다.

주식발행초과금은 발행금액, 즉 신주발행을 위하여 직접 발생한 비용을 차감한 후의 금액이 액면금액을 초과하는 금액을 의미한다. 감자차익은 자본감소액이 감자대가를 초과하는 금액을 의미하고 자기주식처분이익의 발생원천은 재발행금액이 취득원가를 초과하는 금액이다.

8. 자본조정의 종류와 그 발생원천에 대하여 기술하라.

자본조정은 당해 항목의 성격상 자본거래에 해당하나 최종 납입된 자본으로 볼 수 없거나 자본의 평가계정 성격으로 자본금이나 자본잉여금으로 분류할 수 없는 항목이다. 여기에는 주식할인발행차금, 배당건설이자, 자기주식, 미교부주식배당금, 출자전환채무, 감자차손 및 자기주식처분손실 등이 포함된다.

주식할인발행차금은 액면금액에 미달하여 주식을 발행하는 경우에 발생한다. 배당건설이자는 건설과정 중에 주주에게 배당이라는 명목으로 이자를 지급함에 따라 발생하는데 이는 실질에 있어서는 배당이 아니기 때문에 자본의 차감계정으로 처리하는 것이다. 자기주식은 회사가 발행주식의 일부를 재취득하여 보유하고 있는 주식이기 때문에 미발행주식처럼 취급되어 자본의 차감계정으로 취급한다. 미교부주식배당금은 앞으로 주식의 발행을 통하여 주주에게 배당을 지급할 것이기 때문에 부채의 증가로 보지 않고 자본의 부가계정으로 취급한다. 출자전환채무는 채권자가 보유하고 있던 채무를 주식으로 전환함에 따라 발생한 것으로 증자에 해당하기 때문에 자본의 부가계정으로 취급한다. 감자차손은 자본을 감소시키면서 발생한 차손이고 자기주식처분손실은 자기주식을 처분하는 과정에서 발생한 차손이다. 그러나 이들 차손은 자본거래에서 발생한 차손이기 때문에 손익계산서에 포함시키지 않고 자본의 차감계정으로 처리한다.

9. 이익잉여금을 정의하고, 이의 증감원천을 들어 보라.

당기의 모든 수익 및 수익을 창출하는 데 소요된 모든 비용은 발생시마다 재무상태표의 자본을 증감시키는 형태로 기록할 수도 있으나 이는 너무 번거롭고 혼란을 초래하게 된다. 따라서 손익계산서라고 하는 도구를 이용하여 수익과 비용에 관련된 모든 거래를 손익계산서에 집계한 뒤에 수익에서 비용을 차감한 순액인 당기순이익(당기순손실)만을 이익잉여금에 대체시키는 방법을 택하고 있다. 따라서 손익계산서와 재무상태표를 연결시키는 항목이 바로 이익잉여금이다.

이익잉여금을 증가시키는 주된 원천은 당기순이익이고, 감소시키는 주된 원천은 당기순손실과 배당이다.

10. 적립금이란 무엇인가? 또한 적립금을 설정하는 이유는 무엇인가?

이익잉여금의 일부를 적립하는 것은 이익을 회사의 내부에 유보하는 것을 의미한다. 이는 이익이 주주의 몫인 것은 확실하지만 모두 배당으로 배분할 경우 장래의 자금수요를 외부차입이나 추가적인 유상증자 등과 같이 외부자금조달에 의존해야 하기 때문에 이를 최소화하기 위함이다. 즉, 이익을 내부에 유보하는 것은 자금을 내부적으로 조달한다는 것을 의미한다.

11. 임의적립금이입액이란 무엇인가?

임의적립금의 적립목적이 달성되거나 더 이상 필요하지 않은 경우 미처분상태로 환원할 수 있는데 이를 임의적립금이입액이라고 한다.

12. 이익잉여금처분의 세 가지 형태를 기술하라.

이익잉여금은 법정적립금, 임의적립금 및 미처분이익잉여금의 세 가지로 구분한다.

법정적립금은 상법에서 규정하고 있는 이익준비금, 상장법인재무관리규정에서 정하고 있는 재무구조개선적립금 등이 대표적이다.

임의적립금은 회사가 필요에 의하여 임의적으로 적립한 것으로서 사업확장적립금, 배당평균적립금, 결손보전적립금 등과 같이 다양하다.

미처분이익잉여금은 처분가능한 상태에 있는 적립금으로서 차기로 이월되는 이익잉여금을 의미한다. 배당 등의 잉여금의 처분은 미처분이익잉여금을 재원으로 하여 이루어진다.

13. 일반적으로 회사는 법적으로는 배당해도 무방한 미처분이익잉여금을 모두 배당하지는 않는다. 그 이유는 무엇인가?

① 법률 등에서 사내유보를 강제하고 있는 경우가 있다. 우리나라에서는 이익준비금과 재무구조개선적립금이 이에 해당한다.

② 차입금이나 사채 등의 차입조건에서 채권자 보호를 위하여 이익의 일정부분을 사내유보시키도록 규정하고 있는 경우가 많다.

③ 사업확장에 필요한 자금을 조달하기 위하여 이익올 사내에 유보시킨다. 이와 같은 자금조달을 내부금융이라고 한다.

④ 일정한 수준의 배당을 유지하기 위하여 영업성적이 좋은 때에는 이익잉여금을 누적시키고 영업성적이 나쁜 때에 이를 사용하는 경우이다. 배당평균적립금이 그 구체적인 예이다.

⑤ 미래의 손실에 대한 충격을 완화하기 위하여 또는 손익계산상의 오류에 대비하기 위하여 이익을 사내에 유보시킬 수도 있다.

14. 현금배당, 주식배당, 현물배당 그리고 어음배당을 구분하여 설명하라.

현금배당은 회사가 영업활동을 통하여 창출한 이익의 일부를 주주에게 현금으로 배분하는 것을 의미한다. 따라서 회사로서는 현금의 유출이 있고 주주로서는 현금의 유입이 있기 때문에 실질적인 배당이라고 할 수 있다. 그러나 주식배당은 주주의 형식적인 배당욕구를 충족시키지만 실질에 있어서는 회사의 현금유출과 주주의 현금유입이 수반되지 않는 배당을 말한다. 따라서 주식배당은 미처분이익잉여금의 자본전입이라는 형식적인 배당이라고 할 수 있다. 배당을 상품, 투자유가증권, 기타 현금 이외의 자산으로 실시하는 경우가 있는데, 이를 현물배당(dividends in kind) 또는 재산배당(property dividends)이라고도 부른다. 어음배당이란 배당결의일로부터 일정한 기일이 경과한 후에 배당을 지급하기로 약속한 배당증서를 교부하고 미리 약정한 날에 증서와 교환으로 현금을 지급하는 배당을 말한다. 따라서 배당증서는 어음상 채무의 특수한 예라고 할 수 있다. 어음배당은 현금사정이 좋지 않을 경우에 사용하는 배당형태이며, 기본적으로는 현금배당과 동일하다. 배당증서가 이자부인 경우에는 배당금을 실제로 지급하는 시점인 배당증서의 만기일에 이자를 지급해야 하는데, 이자는 배당으로 보아서는 안 되고 이자비용으로 기록해야 한다.

15. 주식배당의 두 가지 회계처리방법을 설명하라.

주식배당을 실시한 기업의 회계처리방법으로는 시가법과 액면금액법이 있다. 시가법(market value method)은 주식배당을 결의한 날에 배당되는 주식의 시가에 해당하는 금액에 해당하는 이익잉여금을 자본금과 자본잉여금(주식발행초과금)으로 대체시키는 방법이다. 시가법은 주식배당을 회사 이익의 분배로 간주하여 주식의 시가에 해당하는 부분만큼이 배당으로 지급되었다고 보는 입장이다. 액면금액법(par value method)은 주식배당으로 분배하는 주식의 액면금액에 해당하는 금액을 이익잉여금에서 자본금으로 대체시키는 방법이다. 액면금액법의 주장은 투자자의 입장에서 주식배당을 수익으로 볼 수 없다는데 근거를 두고 있다. 즉, 주식배당은 이익준비금을 이용한 무상증자와 유사하다고 본다.

16. 주식배당, 무상증자, 주식분할, 주식병합을 비교설명하라.

주식배당과 여러 가지 측면에서 유사한 성격을 갖는 것이 무상증자와 주식분할이다.

무상증자는 준비금의 자본전입이라고 할 수 있는데, 일반적으로 이사회의 결의에 의해 실시된다. 무상증자는 발행주식수를 증가시키지만 주주의 부에는 영향을 미치지 않고 주주의 상대적인 지분비율도 변화하지 않는다는 측면에서 주식배당과 동일하다. 무상증자가 주식배당과 다른 점은 크게 재원과 발행주식수의 증가규모에 있다. 먼저 주식배당의 재원은 미처분이익잉여금이고 무상증자의 재원은 일반적으로 자본잉여금 및 이익준비금이다. 또한 주식배당은 이익배당총액의 1/2을 초과할 수 없도록 되어 있고 일반적으로 배당률이 주식액면가를 기준으로 공금리 수준을 크게 초과하지 않는 수준에서 결정되므로 주식배당률은 10%를 초과하기가 힘들다. 그러나 무상증자의 경우는 일반적으로 증자율이 상당히 높은 편이다.

주식분할(share splits)도 주식수의 증가라는 면에서 주식배당이나 무상증자와 유사하다. 주식배당은 이익잉여금의 자본전입이고 무상증자는 자본잉여금 및 이익잉여금의 자본전입으로서 모두 계정의 재분류에 해당하므로 회계거래로 취급하여 이를 분개한다. 주식분할을 하면 발행주식수가 증가하고 액면금액은 낮아지지만 자본금계정의 금액은 변함이 없다. 따라서 주식분할은 어느 계정에도 영향을 미치지 않아 회계거래가 아니기 때문에 분개의 대상이 되지 않는다. 주식분할은 일반적으로 1 : 2의 분할, 1 : 3의 분할 등과 같이 100% 단위로 주식수가 증가하게 된다. 주식분할과 정반대로 여러 주식을 하나의 주식으로 통합하는 경우가 있는데, 이를 주식병합(reverse share splits)이라고 한다. 주식병합도 주식분할과 마찬가지로 회계거래가 아니므로 분개할 필요가 없다.

보-1. 자본변동표가 제공하는 정보를 제시하고, 그 작성방법을 간략히 기술하라.

자본변동표(statement of changes in equity)는 한 회계기간 동안 발생한 소유주 지분의 변동을 표시하는 재무보고서로서, 자본을 구성하고 있는 자본금, 자본잉여금, 자본조정, 기타포괄손익누계액, 이익잉여금(결손금)의 변동에 대한 포괄적인 정보(기초잔액, 변동사항, 기말잔액)를 제공한다.

자본변동표는 재무제표간의 연계성을 제고시키며 재무제표의 이해가능성을 높인다. 재무상태표에 표시되어 있는 자본의 기초잔액과 기말잔액을 모두 제시함으로써 재무상태표와 연결할 수 있고, 자본의 변동내용은 손익계산서와 현금흐름표에 나타난 정보와 연결할 수 있어 정보이용자들이 보다 명확히 재무제표간의 관계를 파악할 수 있게 된다.

연습문제

11-1 우선주 배당금

(1) ₩200,000의 배당금 배분

주식의 종류	1차 배분	잔여배당금의 배분	소 계
[4% 우선주] 누적적, 부분참가적	₩200,000×4%×5년 =₩40,000	₩200,000×(12%−4%) =₩16,000	₩56,000
보통주	₩400,000×4%* =₩16,000	₩144,000−₩16,000 =₩128,000	144,000
합 계	₩56,000	₩144,000**	₩200,000

* 우선주에 참가액을 배분하기 전에 보통주에도 참가적 우선주 배당률만큼 배분한다.

** 잔여배당금은 총배당금 ₩200,000에서 1차 배분 ₩56,000을 차감한 ₩144,000이다. 잔여배당금이 ₩48,000[=₩600,000(보통주자본금+4% 부분참가적 우선주자본금)×(12%−4%)] 이하인 경우에는 4% 우선주와 보통주 각각의 총액면금액에 비례하여 배분한다.

(2) 4% 누적적 우선주가 완전참가적일 경우의 배당금 배분

① 1차 배분은 위의 계산과 동일

② 잔여배당금의 배분 : (각각의 총액면금액에 따라 배분한다)

4% 우선주 : ₩144,000×[₩200,000/(₩400,000+₩200,000)]=₩48,000

보 통 주 : ₩144,000×[₩400,000/(₩400,000+₩200,000)]=₩96,000

따라서, 4% 우선주 배당금(=₩40,000+₩48,000)	₩88,000
보통주 배당금(=₩16,000+₩96,000)	112,000
합 계	₩200,000

11-2 주식발행

〈주식의 할증발행(20×1. 1. 1)〉

(차) 현 금	1,200,000	(대) 보통주자본금	500,000
		주식발행초과금	200,000
		우선주자본금	500,000

11-3 현물출자

	[사례 1]	[사례 2]	[사례 3]
토 지	9,000,000	12,000,000	13,000,000
자본금-보통주	5,000,000	5,000,000	5,000,000
주식발행초과금	4,000,000	7,000,000	8,000,000

11-4 무상증자

(차) 주식발행초과금	1,000,000*	(대) 보통주자본금	1,000,000*

* 1,000주×0.2×₩5,000=₩1,000,000

11-5 자본전입

(차) 주식발행초과금	10,000,000	(대) 자 본 금	37,500,000*
이익준비금	27,500,000		

* 50,000주×15%×₩5,000/주=₩37,500,000

11-6 자기주식의 회계처리

〈취득시〉

(차) 자 기 주 식	2,000,000	(대) 현 금	2,000,000

〈소각시〉

(차) 자 본 금	500,000	(대) 자 기 주 식	2,000,000
주식발행초과금	1,000,000		
이익잉여금	500,000		

11-7 형식적 감자

(차) 보통주자본금	7,500,000*	(대) 이월결손금	7,000,000
주식발행초과금	1,500,000	자기주식자본잉여금	2,000,000

* 3,000주×1/2×₩5,000/주=₩7,500,000

11-8 수증자기주식

11/5 (수증시점) : – 분개 없음(비망기록) – (단위 : 천원)

3/6 (재발행시점) :	(차) 현 금	1,240	(대) 자산수증이익	1,240

11-9 임의적립금

(1) 배당평균적립금

① 배당평균적립금의 환원 :

(차) 배당평균적립금	80,000	(대) 미처분이익잉여금	80,000

② 배당선언의 기록 :

(차) 미처분이익잉여금(배당금)	100,000	(대) 미지급배당금	100,000

(2) 사업확장적립금

① 사업확장적립금으로 전입(3년간 매기 동일) :

(차) 미처분이익잉여금	50,000	(대) 사업확장적립금	50,000

② 기계장치의 취득 :

(차) 기 계 장 치	160,000	(대) 현 금	160,000

③ 별도적립금으로 대체 :

(차) 사업확장적립금	150,000	(대) 별도적립금*	150,000

* 직접 이월이익잉여금으로 대체할 수도 있다.

11-10 배당선언 및 지급

(1) 1/4 :

(차) 이익잉여금	80,000	(대) 미지급배당금	120,000
자본잉여금	40,000		

2/10 :

(차) 미지급배당금	120,000	(대) 현 금	120,000

(2)

	액면금액법		시가법	
1/1 :	이익잉여금	14,000*	이익잉여금	19,200**
	미지급배당금	4,000	미지급배당금	4,000
	미교부주식배당금	10,000	미교부주식배당금	15,200
	* 200주 × ₩20 + 200주 × ₩500 × 0.1		** 200주 × ₩20 + 200주 × ₩760 × 0.1	
5/1 :	미지급배당금	4,000	미지급배당금	4,000
	현　　금	4,000	현　　금	4,000
	미교부주식배당금	10,000	미교부주식배당금	15,200
	보통주자본금	10,000	보통주자본금	10,000
			주식발행초과금	5,200

11-11 주식배당

액면금액법-상법		시가법	
① 배당선언일 :			
미처분이익잉여금	5,000,000	미처분이익잉여금	7,500,000
미지급배당금	2,500,000*	미지급배당금	2,500,000*
미교부주식배당금#	2,500,000*	미교부주식배당금#	5,000,000##
* 10,000주 × 5% × ₩5,000 = ₩2,500,000 # 주주지분 중 자본조정으로 분류한다.		## 10,000주 × 5% × ₩10,000 = ₩5,000,000	
② 배당지급과 주식발행일 :			
미지급배당금	2,500,000	－좌동－	
현　　금	2,500,000		
미교부주식배당금	2,500,000	미교부주식배당금	5,000,000
보통주자본금	2,500,000	보통주자본금	2,500,000
		주식발행초과금	2,500,000

11-12 현물배당

1) 배당선언일(20×2. 2. 27) :

(차) 미처분이익잉여금	150,000	(대) 미지급현물배당금	150,000

2) 배당지급일(20×2. 3. 15) :

(차) 미지급현물배당금	150,000	(대) FVPL자산	100,000
		FVPL자산처분이익	50,000

11-13 주식할인발행차금 상각

(차) 이익잉여금 300,000 (대) 주식할인발행차금 300,000

11-14 자본관련 거래

(1) ① (차) 미처분이익잉여금 50,000 (대) 법인세추징적립금 50,000

② (차) 미처분이익잉여금 90,000* (대) 우발손실적립금 90,000

* ₩300,000×30%=₩90,000

③ (차) 재고자산평가손실적립금 241,000 (대) 미처분이익잉여금 241,000

④ (차) 투자자산손상차손 15,200* (대) 투자자산-토지 15,200

* ₩76,000×20%=₩15,200(당기의 영업손익에 반영한다)

⑤ (차) 미처분이익잉여금 386,320 (대) 시설확장적립금 386,320*

* [₩580,000－₩50,000－₩90,000＋₩241,000＋(₩300,000－₩15,200)]×0.4
=₩386,320

⑥ (차) 미처분이익잉여금 60,000* (대) 보통주자본금 60,000

* 120주×10%×₩5,000=₩60,000

(2) 차기이월미처분이익잉여금(단, 상법에서 정한 이익준비금은 별도로 고려하지 않았다) :

₩580,000－₩50,000－₩90,000＋₩241,000－₩386,320－₩60,000
＋₩284,800(수정후당기순이익)=₩519,480

제 12 장 수익의 인식

익힘문제

1. 수익은 무엇을 의미하는가?

수익(revenue)은 소유주에 의한 투자로 인한 증가분을 제외한 자본의 증가를 수반하는 것으로서 한 회계기간의 기업실체의 주된 경영활동으로 인한 경제적 효익의 총유입으로 정의되는데, 이는 재화의 판매 또는 용역의 제공 등의 대가로 발생하는 자산의 유입 또는 부채의 감소로 나타난다. 예를 들면 재화나 용역을 공급한 대가로서 현금 또는 매출채권 등의 자산이 증가하거나, 선수금 또는 선수수익 등의 부채가 감소한다. 이러한 수익은 경영활동의 종류와 당해 수익이 인식되는 방법에 따라 매출액, 수수료수익, 이자수익, 배당수익, 로열티수익 및 임대수익 등과 같이 다양하게 구분될 수 있다.

2. 차익은 수익과 어떻게 다르며 무엇을 의미하는가?

수익은 기업의 주된 영업활동에서 발생하지만 차익은 부수적 또는 주변적 활동의 결과 발생한다. 차익(gains)은 광의로는 수익의 정의를 충족하지만 주요 경영활동이 아닌 기업의 부수적인 거래, 사건 및 상황으로 발생되는 것을 지칭한다. 예를 들면, 기타수익은 다른 기업이나 경제실체와의 부수적인 거래인 유가증권의 처분, 중고설비자산의 처분, 채무의 변제 등으로 발생하기도 하고, 두 기업실체 사이의 일방적 이전거래인 자산의 수증 등으로 발생하기도 한다. 또한 보유하고 있는 자산이나 부채의 가치가 변동하여 기타수익이 발생하기도 한다.

3. 수익으로 인식할 금액은 어떻게 측정하는가?

수익으로 측정할 금액은 재화의 판매, 용역의 제공이나 자산의 사용에 대하여 받았거나 또는 받을 대가로서 계약에 명시된 금액이다. 그러나 판매대가가 재화의 판매 또는 용역의 제공 이후 장기간에 걸쳐 유입되는 경우에는 현재가치로 수익을 측정한다.

4. 수익가득과정과 수익인식 대안의 관계를 간략하게 설명하라.

발생주의에서는 수익이 발생하는 각 단계에서 수익을 인식해야 할 것이다. 그러나 수익은 발생과정에서 점진적으로 증가하므로 재화나 용역의 가치증가에 따라 수익을 점진적으로 인식해야 한다면, 그 계산이 복잡할 뿐만 아니라 가치의 증가를 객관적으로 측정하기도 어렵다. 특히 생산물의 종류가 다양하고, 재무제표를 작성하는 시점에서 수익발생과정의 단계가 다르므로 수익을 발생정도에 따라 인식한다는 것은 사실상 불가능하다. 제조업의 수익가득과정과 통상적인 수익인식 대안을 살펴보면 다음 그림과 같다.

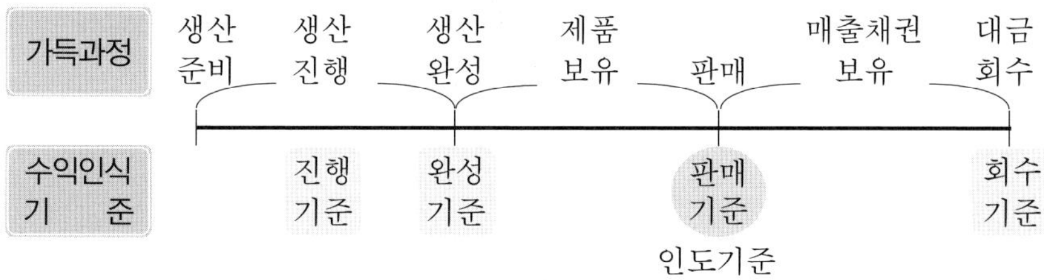

5. 통상적인 판매형태에 따른 수인인식의 종류 및 인식시기를 설명하라.

거래대상의 성격에 따라 먼저 생산하고 나중에 판매할 수도 있으며, 어떤 경우에는 먼저 계약이 이루어지고 나중에 생산 또는 의무이행활동이 이루어질 수 있다. 일반적으로 재화(공산품, 농산품 등)는 먼저 제조 또는 생산을 하고 나중에 판매를 한다. 한편 용역 또는 공사계약 등의 경우에는 먼저 계약을 하고 나중에 의무이행활동을 수행한다.

선제조-후판매 형태를 취하는 재화는 재화의 인도(판매)가 이루어져야 판매자의 수행의무가 충족되었다고 본다. 따라서 이 경우에는 판매시점(인도시점)에 수익을 인식한다.

특수제조계약, 공사계약 등과 같은 선판매-후제조 형태를 취하는 재화의 경우에는 먼저 판매(계약)가 이루어졌기 때문에 생산(제조)이 이루어져야 판매자의 수행의무가 충족된 것으로 본다. 용역은 통상적으로 먼저 계약이 이루어지고 나중에 용역을 제공하기 때문에 선판매-후제공의 형태를 취한다는 점에서 특수제조계약 또는 공사계약과 같은 성격을 갖는다. 이와 같은 선판매-후제조 형태의 거래는 진행기준 또는 인도기준을 적용한다. 다만 진행기준을 이용하기 위해서는 적용요건(진행률의 합리적 추정 ; 원가의 신뢰성 있는 추정)이 충족되어야 한다. 진행기준의 적용기준이 충족되지 않은 경우에는 완성기준(인도시점기준)을 적용해야 한다. 용역의 제공에 따른 수익의 인식은 계약의 내용에 따라 용역의 제공이 일정시점에 제공되는 경우에는 인도시점기준을 적용하고, 제공기간이 장기이면서 적용요건을 충족하면 진행기준을 적용하고 그렇지 않은 경우에는 인도시점기준을 적용한다. 한편, 일정한 수준의 용역을 계속적으로 제공하는 경우 계약기간에 걸쳐 동일한 금액의 용역수익을 인식하는 정액법을 사용하는 것이 합리적일 수 있다.

한편 공사형태를 취하더라도 판매가 나중에 이루어지는 선공사-후판매 형태를 취하는 아파트 공사 등에는 판매기준을 적용하여 수익을 인식해야 한다. 이 경우에는 수익인식의 첫 단계인 고객과의 계약이 존재하지 않기 때문에 공사진행중에 수익을 인식할 근거가 전혀 없다.

임대계약, 대출계약, 로열티계약 등은 고객에게 자기회사의 자산의 사용을 허용함으로써 수익이 발생한다. 이런 경우에는 계약의 성격에 따라 의무이행이 완료된 때 수익을 인식한다. 일반적으로 임대계약 또는 대출계약 등은 시간의 경과에 따라 시간에 비례하여 임대수익, 이자수익 등을 인식한다. 로열티수익은 일정한 기간을 대상으로 하는 경우 시간의 경과에 따라 수익을 인식하고, 성과에 연동하는 계약의 내용에 따라 수익을 인식한다.

본래는 판매목적으로 보유하지 아니한 자산도 여러 가지 이유로 처분할 수 있다. 이 경우에는 처분시점에 처분대가와 장부금액의 차이로 처분손익을 인식한다. 다양한 종류의 거래형태에 따른 대체적인 수익의 종류와 인식시점 또는 시기를 살펴보면 다음 그림과 같다.

거래형태	재고자산 판매	용역제공	장기 공사·용역	자산사용의 허용	비재고자산 판매
수익종류	매출수익	용역수익	공사수익 용역수익	임대, 이자, 로열티수익	자산 처분손익
인식시기	판매시점	제공 시점·시기	진행기간· 인도시점	시간경과	처분시점

6. 수익인식의 5단계를 간략하게 설명하라.

K-IFRS에 따르면 수익인식은 다음과 같은 5단계를 거쳐서 인식하도록 되어 있다.

1	고객과의 계약을 식별
2	수행의무를 식별(하나의 계약에 복수의 수행의무 존재가능)
3	계약가격을 산정
4	계약가격을 계약 내 수행의무에 배분
5	수행의무가 충족되면 수익인식(개별 수행의무에 적용)−수익인식의 원칙

7. 고객과의 계약으로 보기 위해서는 어떤 기준을 충족해야 하는가?

고객과의 계약은 아래 기준을 모두 충족해야만 한다.

① 계약당사자들이 계약(서면, 구두, 사업관행 등의 형태)을 승인하고 각자의 의무를 수행하기로 확약
② 이전할 재화·용역과 관련한 각 당사자의 권리를 식별가능
③ 이전할 재화·용역의 대금지급조건을 식별가능
④ 계약에 상업적 실질이 있음
⑤ 권리를 갖게 될 대가의 회수가능성이 높음

8. 수행의무가 별도로 존재하는지를 판단하는 기준은 무엇인가?

하나의 계약에 몇 개의 수행의무가 있는가를 확인하기 위해서는 수행의무가 별도로 식별될 수 있는지를 파악해야 한다. 수행의무는 다음의 두 조건이 모두 충족되었을 때 별도로 존재하는 것으로 본다.

첫째, 제공하기로 한 재화 또는 용역이 독자적(distinct)이다.

둘째, 제공하기로 한 재화 또는 용역이 계약 내의 다른 재화 또는 용역으로부터 구분가능(separately identifiable)하다.

9. 제품의 판매 또는 용역의 제공과 관련하여 기업이 고객에게 제공하는 보증의 유형에 대해 간단히 설명하고, 이들에 대한 회계처리의 차이점에 대해 설명하라.

제품의 판매 또는 용역의 제공과 관련하여 기업이 고객에게 제공하는 보증에는 확신형 보증과 용역형 보증이 있다. 품질보증 또는 확신형 보증은 품질보증이라고 불리기도 하는데, 이는 기업이 판매하는 제품에 대한 품질을 보증하는 것으로 제품의 판매와 구분된다고 볼 수 없어서 별도의 수행의무로 보지 않는다. 그러나 회사는 제품에 대한 장기보증을 별도로 판매할 수 있다. 이 경우

장기보증은 별도로 구분가능한 용역형 보증으로서 미래에 해당 용역의 제공시에 별도의 수익으로 처리해야 한다. 따라서 제품의 판매시에 용역형 보증은 선수수익으로 회계처리하고, 나중에 용역이 제공될 때 용역수익을 인식한다.

10. 변동대가를 수익으로 인식하는 대안에 대해 간단하게 설명하라.

변동대가가 계약에 포함되는 경우에는 기대가치법과 최고확률금액법 중의 하나를 선택하여 거래가격을 결정한 후에 수익을 인식할 수 있다. 기대가치법은 미래에 발생할 가능성이 있는 각 상황별 변동대가에 그 확률을 곱하여 구한 기대가치를 확정금액에 더하여 추가수익으로 인식하는 방법이다. 한편 최고확률금액법은 가능한 대가의 범위에서 가능성이 가장 높은 단일의 금액을 확정금액에 더하여 추가수익으로 인식하는 방법이다. 변동대가가 포함된 경우 두 방법 중 하나를 선택하여 변동대가에 대해 수익을 인식하되 나중에 변동대가에 대한 수익이 확정되면 이를 수정하는 분개를 해야 한다.

11. 한 계약에 두 개 이상의 수행의무가 존재하는 경우 거래가격을 배분하는 원칙에 대해 설명하라.

계약에 포함된 수행의무가 하나인 경우에는 거래가격을 하나의 수행의무에 배분하면 되므로 간단하다. 그러나 둘 이상의 수행의무가 계약에 포함된 경우에는 거래가격을 각각의 수행의무에 배분해야 한다. 이때 거래가격의 배분원칙은 상대적 개별판매가격법을 이용해야 한다. 각 수행의무의 판매가격은 개별판매가격이라고 부르는데 해당 제품 또는 용역을 별도로 판매하였을 때 받게 될 금액을 의미한다. 따라서 하나의 계약에 두 개 이상의 수행의무가 있을 경우에는 각각의 수행의무의 개별판매가격이 거래가격에서 차지하는 비중에 따라 거래가격을 각각의 수행의무에 배분한다.

12. 한 계약에 두 개 이상의 수행의무가 존재하지만 그중 일부 수행의무에 대한 판매가격이 알려지지 않은 경우 거래가격을 수행의무에 배분하는 대안에 대해 설명하라.

하나의 거래가격을 가진 계약에 두 개 이상의 수행의무가 포함되어 있는데 그중 일부의 개별판매가격이 알려지지 않을 수 있다. 이 경우에는 세 가지의 대안이 이용가능하다. 첫째, 유사한 재화 또는 용역의 시장가격을 이용하여 해당 재화 또는 용역의 판매가격을 추정하는 방법이 있다. 이 접근법을 회계기준에서는 시장평가조정접근법이라고 부른다. 둘째, 해당 재화 또는 용역은 물론 유사한 재화 또는 용역의 판매가격에 대한 정보가 없고 오직 원가정보만 있는 경우에 사용하는 방법이다. 이 방법은 재화 또는 용역의 원가에 정상적인 마진을 더하여 판매가격을 추정하는 방법이다. 이 접근법을 회계기준에서는 원가가산이익접근법이라고 부른다. 셋째, 거래가격에서 개별판매가격이 알려진 수행의무의 개별판매가격을 차감한 나머지 금액을 개별매가격이 알려지지 않은 수행의무에 배분하는 방법이다. 이 접근법을 회계기준에서는 잔여접근법 또는 차감법이라고 부른다. 단, 잔여접근법은 사용에 제한이 있다.

13. 한 계약에 포함된 수행의무의 충족에 따른 수익은 모두 같이 인식하는가 아니면 개별적으로 충족여부를 판단하여 인식하는가?

한 계약에 두 개 이상의 수행의무가 포함된 경우에는 각각의 수행의무가 충족되었을 때 해당 수익을 인식해야 한다. 따라서 한 계약에 포함된 복수의 수행의무가 있는 경우 수행의무 모두가 한꺼번에 인식되는 것이 아니라 각각의 수행의무의 충족여부에 따라 서로 다른 시점 또는 기간에 수익으로 인식될 수 있다.

14. 고객이 자산을 통제하면 수행의무가 충족된 것으로 본다. 고객이 자산을 통제하는 지표들에는 어떤 것들이 있는가?

기업은 고객에게 약속한 재화·용역(자산)을 이전하여 수행의무를 이행하며, 자산은 고객이 그 자산을 통제하는 때에 이전된다. 고객이 자산을 통제하는지를 판단할 때에는 다음 지표를 참고한다.

① 기업의 대금지급청구권(고객의 대금지급의무)
② 자산의 법적 소유권 이전
③ 자산의 물리적 점유 이전
④ 자산의 소유에 따른 위험과 보상의 이전
⑤ 고객의 자산 인수

15. 수행의무는 한 시점에 충족될 수도 있고 일정기간에 걸쳐 충족될 수도 있다. 수행의무를 일정기간에 걸쳐 인식하기 위한 조건들은 무엇인가?

수행의무를 일정기간에 걸쳐 인식하기 위해서는 다음 중 하나를 충족해야 하며, 그렇지 않으면 한 시점에 인식해야 한다.

① 기업이 업무를 수행하는 대로 고객이 효익을 동시에 얻고 소비(예 : 청소용역, 케이블TV 용역)
② 기업이 만들거나 가치를 높이는 대로 그 자산을 고객이 통제(예 : 고객의 소유지에서 제작하는 자산)
③ 기업이 업무를 수행하여 만든 자산은 그 기업 자체에는 대체 용도가 없고,

지금까지 업무수행을 완료한 부분에 대해서는 집행가능한 대금지급청구권이 있음(예 : 주문제작 자산)

16. 일반적으로 수행의무는 언제 충족되었다고 보는가? 수행의무를 재화와 용역으로 구분하여 설명하라.

재화의 제공에 대한 수행의무는 재화의 인도시점에 충족되며, 용역의 제공에 대한 수행의무는 용역의 제공시점에 충족된다. 환언하면, 고객이 인도된 재화 또는 용역에 대한 통제를 획득하면 판매자의 의무이행이 충족된 것이다.

재화의 제공은 한 시점에 충족되는 것이 일반적이지만, 용역의 제공은 한 시점에 충족될 수도 있고 일정기간에 걸쳐서 충족될 수도 있다. 따라서 거래의 성격에 따라 충족시점에 또는 일정기간에 걸쳐 수익을 인식한다. 한편, 한 계약에 두 개 이상의 수행의무가 포함된 경우에는 각각의 수행의무가 충족되었을 때 해당 수익을 인식해야 한다. 따라서 한 계약에 포함된 복수의 수행의무가 있는 경우 수행의무 모두가 한꺼번에 인식되는 것이 아니라 각각의 수행의무의 충족여부에 따라 서로 다른 시점 또는 기간에 수익으로 인식될 수 있다.

17. 금융요소가 중요한 복합거래의 수익은 언제 어떻게 인식하는가?

판매대금을 여러 차례에 걸쳐 회수하기로 한 할부판매의 경우에는 판매거래와 금융거래가 결합된 복합거래로 볼 수 있다. 복합거래에서 금융거래가 차지하는 비중이 중요하다고 판단되면 이에 대하여 적절한 회계처리가 필요하다. 따라서 할부판매의 경우에는 판매시점에 수익을 인식하되, 총판매대가를 재화에 대한 판매대가와 신용제공에 따른 이자수익으로 구분하여 회계처리한다. 즉, 상품인도일에 미래에 수취할 채권의 현재가치로 수익을 측정해야 한다. 이로 인하여 계상되는 현재가치할인차금(이자상당액)은 매출채권의 차감계정에 해당하며, 기간의 경과에 따라 유효이자율법을 이용하여 이자수익으로 인식한다.

18. 진행기준은 어떤 경우에 적용하는가?

진행기준은 의무이행활동의 진행 정도에 따라 의무이행활동의 진행기간중에 수익을 인식하는 방법이다. 선판매-후제조 판매의 경우에는 판매가 먼저 이루어지고 나중에 생산, 제조, 용역제공 등의 의무이행활동이 이루어진다. 이 경우에는 다음의 두 요건이 모두 충족되면 의무이행활동이 이루어지는 기간에 걸쳐 진행기준을 적용하여 수익을 인식한다.

[진행기준을 적용하기 위한 요건]

- 진행률의 합리적인 추정이 가능
- 거래와 관련된 원가를 신뢰성 있게 측정가능

19. 타인에게 자산의 사용을 허용함으로써 발생하는 수익에는 어떤 것들이 있으며 이들을 통상적으로 어떻게 인식하는가?

자산을 타인에게 사용하게 함으로써 발생하는 이자, 임대수익, 로열티 등의 수익은 경제적 효익의 유입가능성이 높고, 수익금액을 신뢰성 있게 측정가능한 경우에 인식한다. 이러한 거래는 계속적으로 인도(자산의 계속적인 사용 등)가 이루어지며, 수익은 시간의 경과에 따라 또는 자산의 사용에 따라 가득된다. 따라서 해당 거래의 특성을 반영하여 다음과 같이 인식한다.

- 이자수익은 원칙적으로 유효이자율을 적용하여 발생기준에 따라 인식한다.
- 임대수익은 기간의 경과에 따라 수익을 인식한다.
- 로열티수익은 관련된 계약의 경제적 실질을 반영하여 발생기준에 따라 인식한다.

20. 라이선스계약에 따른 고객의 권리는 사용권과 접근권으로 구분한다. 이들에 대해 비교설명하고, 수익인식 시기의 차이에 대해 설명하라.

라이선스계약에 따른 고객의 권리는 사용권과 접근권으로 구분하고, 사용권은 라이선스 부여시점에, 접근권은 라이선스 기간에 걸쳐 수익을 인식한다. 사용권(a right to use)은 라이선스를 부여한 시점에 고객에게 통제가 넘어가고 라이선스 기간 중 변하지 않는 지적재산을 있는 그대로 사용할 수 있는 권리를 의미한다. 접근권(a right to access)은 라이선스 기간 전체에 걸쳐 기업의 업데이트 활동으로 변하는 지적재산에 고객이 접근할 수 있는 권리를 의미한다. 기업이 지적재산에 계속 관여하고 유의적 영향을 미치는 활동을 한다면 지적재산은 변하며, 라이선스 부여시점에 고객이 통제하지 못하기 때문에 기간에 걸쳐 수익을 인식한다.

21. 상품권을 발매하면 어떻게 회계처리해야 하며, 언제 수익으로 인식해야 하는가?

상품권을 판매하면 미래에 인도할 상품에 대해 현금을 선수하였다는 것을 의미한다. 따라서 아직 의무이행을 충족하지 않았기 때문에 수익을 인식해서는 안 되고 이를 선수수익 또는 이연수익 등의 계정과목으로 하는 부채를 기록해야 한다. 나중에 상품권을 고객이 사용하여 상품이 고객에게 인도되었을 때 수익을 인식하고 이연수익을 제거한다.

22. 대리인에 의한 재화의 판매시에 대리인이 기록하는 수익은 무엇인가?

판매자가 주인(principal) 자격이 아니라 대리인(agent) 자격으로 재화를 판매하는 경우에는 판매가액 총액을 수익으로 계상할 수 없으며, 판매수수료만을 수익으로 인식해야 한다. 이와 같은 예는 수수료를 받는 조건으로 백화점, 인터넷쇼핑몰, 수탁인 등이 타인의 재화를 판매하는 경우를 들 수 있다.

23. 프랜차이즈계약에서 프랜차이즈 본사가 가맹점에 제공하는 용역들은 대체적으로 어떤 것이 있으며 언제 수익을 인식하는가?

프랜차이즈 본사가 가맹점에 제공하는 용역의 대가로 받는 수익은 크게 창업지원수익(initial franchise fee)과 운영지원수익(continuing franchise fee)으로 구분할 수 있다. 이들 용역을 제공하면서 받는 수익은 용역이 제공됨에 따라 수익으로 인식하는 것이 원칙이다.[1] 따라서 창업지원용역수익은 계약시점에 일반적으로 이연수익으로 처리하며, 가맹점이 개점할 때 용역제공의무가 이행되었다고 보고 용역수익을 인식한다. 한편, 운영지원용역은 일정기간 단위로 제공되기 때문에 용역이 제공된 시간에 수익으로 인식한다.

24. 지분법이익이란 무엇인지 간단하게 설명하라.

한 회사가 다른 회사에 대해 중대한 영향력을 발휘할 수 있는 정도(통상 20~50%의 범위)의 의결권 있는 주식(보통주)을 소유하는 경우 지분법을 적용하여 관계회사가 당기손익을 보고할 때 지분법적용투자수익을 수익으로 인식한다. 지분법회계는 다음과 같이 한다.

- 최초투자시에는 투자원가로 투자주식을 기록한다.
- 관계회사가 당기손익을 보고하면 지분에 비례하여 지분법손익을 인식하고 투자주식을 증감시킨다.
- 관계회사로부터 배당을 받으면 투자주식을 감소시키는 회계처리를 한다.

25. 비용의 인식에서 직접대응과 간접대응에 대하여 설명하라.

① 직접대응 : 수익과 비용의 대응은 노력(비용)을 결과(수익)에 대응시키는 논리이므로 가능하다면 직접대응(direct matching)시키는 것이 합리적이다. 매출원가는 매출액과 직접 대응시키는데, 이는 수익의 인식과 동일한 기

1) 일정지역을 대상으로 창업지원용역을 제공하는 경우에는 실질적으로 완료된 가맹점의 수에 비례하여 창업지원용역수수료를 수익으로 인식한다. 창업지원용역수수료가 장기간 동안 회수되고 이를 완전히 회수하는 데 상당한 불확실성이 존재하는 경우에는 현금수취시점에 창업지원용역수수료를 수익으로 인식한다.

간에 인식한다. 오늘날 일반적으로 사용되는 손익계산서는 매출액에 직접 대응되는 비용인 매출원가를 차감하여 매출총이익을 표시한다.

② 간접(기간)대응 : 어떤 지출이 수익창출에 기여할 것은 확실하나 특정한 수익과 관련짓기가 어렵거나 또는 수익창출을 기대하기 어려울 것으로 판단되면 발생시점에 비용으로 인식한다. 이를 간접대응(indirect matching) 또는 기간대응(period matching)이라고 하며 임원급여, 광고비, 판매촉진비 등의 판매비와 관리비가 여기에 해당한다. 판매비와 관리비에 관련된 재화나 용역은 일반적으로 취득과 동시에 또는 취득 직후에 소비되므로 취득시점에 비용을 인식한다.

보-1. 건설계약이란 무엇을 의미하는가? 구체적인 예를 들어 설명하라.

건설계약이란 교량, 건물, 댐, 파이프라인, 도로, 정제시설, 기계장치, 선박 또는 터널과 같은 자산을 건설하기 위하여 구체적으로 협의된 계약을 의미한다.

보-2. 진행률을 결정하는 방법에 대하여 설명하라.

진행률은 투입가치비율이나 산출가치비율로 대별된다. 전자에는 원가법(cost-to-cost method)과 투하노력법이 있고, 후자는 완성가치법과 완성단위법이 있으며, 이 중에서 원가법이 가장 보편적으로 이용된다. 기업회계기준서에서는 원가법을 원칙으로 하지만, 투하노력법 및 완성단위법이 합리적이라고 인정되면 이들 방법도 이용할 수 있다. 한편, 중도금이나 선수금에 기초하여 진행률을 계산하여서는 안 된다. 그 이유는 진행률이 현금의 수취에 비례하지 않기 때문이다. 또한, 기업컨설팅 등과 같이 여러 부분으로 나누어질 수 있는 복합적 용역계약을 제공하는 경우 용역수행 정도를 나타내는 적절한 방법이 없을 수 있다. 이런 경우에는 실무적 편의를 위하여 정액법이나 작업시간을 기준으로 진행률을 결정하여 수익을 인식할 수도 있다.

보-3. 미성공사계정의 성격에 대해서 설명하라. 이를 재공품(재고자산)계정과 동일하다고 볼 수 있는가?

건설계약의 진행과정에서 발생한 재료비원가, 노무비원가, 제조간접비원가 등의 계약원가는 미성공사계정에 기록한다. 미성공사계정은 제조업의 회계처리에서 재공품계정과 같은 성격을 갖는다. 이 계정에는 건설계약이 완성되어 발주자에게 인도되기 전까지 발생한 모든 원가를 누적시킨다. 그리고 최종적으로 건설계약이 완료되어 발주자에게 자산이 인도될 때 장부에서 제거한다.

보-4. 건설계약의 결과를 신뢰성 있게 추정할 수 없는 경우의 수익인식기준은 무엇인가?

건설계약의 결과를 신뢰성 있게 추정하기 위해 필요한 요건을 충족시키지 못해 진행기준을 적용할 수 없는 경우에는 완성기준을 적용하여 계약수익과 이익을 인식한다. 완성기준에서는 계약이 완성된 시점에 한꺼번에 계약수익과 손익을 인식한다. 따라서 계약이 완성되기 전까지는 발생한 공사원가, 진행청구액과 그 회수액에 대해서는 진행기준과 동일한 회계처리를 한다. 그러나 계약이 완성되기 전에는 공사수익과 손익은 인식할 수 없다.

보-5. 계약손실이 예상되는 경우의 회계처리의 원칙을 설명하라.

장기계약공사나 공사작업에서 작업을 진행하는 도중에 총예정원가(이미 발생한 원가와 그 거래를 완료하기 위해 추가적으로 발생할 것으로 추정되는 원가의 합계액)가 총계약수익을 초과할 것으로 예상이 되면 즉시 그 초과액을 공사손실충당부채로 기록하고 중요한 세부내역을 주석으로 기재한다. 당기에 비용(공사손실충당부채전입액)으로 계산하여 공사원가에 포함시키는 금액은 다음과 같이 결정한다.

당기비용인식액=[이미 발생한 원가+추가로 추정되는 원가−총공사수익]
+이미 인식한 이익

한편, 차기 이후의 공사제공활동에서 실제로 손실이 발생한 경우에는 동 손실에 상당하는 금액을 공사손실충당부채 잔액의 범위 내에서 환입하고 동 환입액은 공사손실충당부채환입액으로 하여 해당 회계연도의 공사원가에서 차감한다.

보-6. 공사계약과 관련된 계약자산과 계약부채의 보고에 대해 약술하라.

계약공사는 미성공사와 진행청구액이라는 독특한 계정이 있다. 미성공사는 공사중 발생한 원가와 진행기준을 적용하여 인식한 총이익(gross profit)을 누적시켜둔 계정이며, 진행청구액은 계약에 따라 고객에게 청구한 금액의 누적액을 의미한다. 이들은 상호차감계정으로서 미성공사(원가와 총이익의 합계액)가 진행청구액을 초과하면 그 초과액을 계약자산(유동자산)으로 보고하고, 반대로 진행청구액이 미성공사를 초과하면 그 초과액을 계약부채(유동부채)로 보고해야 한다. 한편, 진행청구액에서 회수액을 차감한 잔액은 공사매출채권으로 유동자산으로 별도로 보고한다.

연습문제

12-1 수익인식의 5단계

- 1단계(계약의 확인) : 마고(주)는 20×1. 3. 1에 채송(주)와 계약을 체결하였다.
- 2단계(수행의무의 식별) : 마고(주)는 제품을 인도할 하나의 수행의무가 있다.
- 3단계(거래가격의 결정) : 계약서에 따르면 거래가격은 ₩100,000이다.
- 4단계(거래가격의 배분) : 제품을 인도해야 할 하나의 수행의무만 있으므로 거래가격 ₩100,000을 모두 제품인도에 배분한다.
- 5단계(수익의 인식) : 제품을 인도해야 할 수행의무가 20×1. 5. 1에 충족되었기 때문에 마고(주)는 다음과 같이 회계처리한다.

〈20×1. 5. 1(수익의 인식)〉

(차) 매 출 채 권	100,000	(대) 매 출 수 익	100,000
(차) 매 출 원 가	70,000	(대) 재 고 자 산	70,000

〈20×1. 5. 31(매출채권 회수)〉

(차) 현 금	100,000	(대) 매 출 채 권	100,000

12-2 시즌이용권의 수익인식

〈20×1. 12. 1(시즌스키이용권의 판매)〉

(차) 현 금	100,000,000	(대) 선 수 수 익*	100,000,000

* 계약이 이루어지고 현금을 수취하였으나 아직 수행의무가 충족되지 않았기 때문에 선수수익(부채)으로 인식한다.

〈20×1. 12. 31(수행의무의 충족에 따른 정액법을 이용한 수익인식)〉

(차) 선 수 수 익	25,000,000	(대) 용 역 수 익	25,000,000

* ₩100,000,000 × 1/4 = ₩25,000,000

12-3 기간인식수익과 선수수익

(1) 20×1. 3. 1 분개

(차) 현 금	12,000,000	(대) 선 수 수 익	12,000,000

(2) 20×1. 6. 30 반기 재무제표에 보고할 수강료수익과 선수수익(부채)

수강료수익 = ₩12,000,000 × 4/6 = ₩8,000,000

선수수익 = ₩12,000,000 × 2/6 = ₩4,000,000

12-4 변동대가

(1) 기대가치법

₩5,000,000 + (₩5,000,000 × 30%) × 20% + (₩5,000,000 × 10%) × 30% = ₩5,450,000

(2) 최고확률금액법

최고확률은 공기를 단축할 수 없는 경우(50%)이므로 확정계약금액인 ₩5,000,000이 예상거래가격이 된다.

12-5 거래가격의 배분

여기에는 두 가지 회계문제가 있다.

첫째, 패키지판매는 한 계약에 두 가지의 수행의무가 있으므로 거래가격을 상대적 개별판매가격법을 이용하여 두 가지 수행의무에 배분한다.

둘째, 정수기는 인도시점인 20×1. 1. 1에 수행의무가 충족되었으나, 제품보증에 대해서는 아직 수행의무가 충족되지 않았기 때문에 이연제품보증수익이라는 부채를 인식한 후에 실제로 용역이 제공된 시점 또는 기간에 제품보증수익을 인식한다.

〈20×1. 1. 1(패키지판매)〉

(차) 현　　금	1,000,000	(대) 매　　출	950,000*
		이연제품보증수익	50,000**

* ₩100,000 × (₩97,850/(₩97,850 + ₩5,150)) × 10대 = ₩950,000

** ₩100,000 × (₩5,150/(₩97,850 + ₩5,150)) × 10대 = ₩50,000

〈20×1년중(제품보증에 대한 회계처리)〉

(차) 이연제품보증수익	25,000	(대) 제품보증수익	25,000
(차) 제품보증비	19,000	(대) 현　　금	19,000

12-6 고객선택권과 거래가격의 배분

(1) 수행의무의 개수 : 2개

이 거래에는 부츠의 판매와 30% 할인쿠폰의 판매라는 두 개의 수행의무가 포함되어 있다. 30% 할인쿠폰은 고객이 다른 방법으로 구할 수가 없고 고객에게 상당한 권리를 제공하며 또 별도로 식별이 가능하다. 따라서 별도의 수행의무로 구별하여 회계처리를 해야 한다.

(2) 20×1년 12월 분개

(차) 현 금 70,000,000* (대) 매 출 액 64,000,000
선수수익-쿠폰 6,000,000**

* 1,000켤레 × ₩70,000 = ₩70,000,000
** 1,000켤레 × ₩100,000 × 30%(할인율) × 20%(행사가능성) = ₩6,000,000

(3) 20×2년 1월 할인권의 행사로 인한 제품 판매에 대한 분개

(차) 현 금 3,500,000* (대) 매 출 액 5,000,000
선수수익-쿠폰 1,500,000**

* 50켤레 × ₩100,000 × 70% = ₩3,500,000
** (₩6,000,000 × 50/200) = ₩1,500,000

12-7 거래가격의 배분 - 잔여접근법

잔여접근법을 이용한 거래가격의 배분 :

(1) 굿샷골프채에 배분된 금액 = ₩500,000 × 20개 = ₩10,000,000

(2) 레슨이용권에 배분된 금액 = (₩600,000 − ₩500,000) × 20개 = ₩2,000,000

〈20×1. 3. 1의 회계처리〉

(차) 현 금 12,000,000 (대) 매 출 10,000,000
선수레슨수익 2,000,000

12-8 개별판매가격의 추정

(1) 시장평가조정접근법 : ₩180,000(경쟁사들의 유사한 시스템 설치비)

(2) 예상원가이윤가산접근법 : ₩120,000 × 1.4 = ₩168,000

(3) 잔여접근법 : ₩2,000,000 − ₩1,850,000 = ₩150,000

12-9 변동대가의 수익인식

(1) 20×1. 1. 1(고정임대료 선취에 대한 회계처리)

(차) 현 금 120,000 (대) 선수임대수익 120,000

(2) 20×1. 1. 31(기대가치법에 따른 임대수익인식)

(차) 선수임대수익 10,000 (대) 임 대 수 익 10,000*
(차) 보너스채권 2,000 (대) 임 대 수 익 2,000**

* ₩120,000 ÷ 12 = ₩10,000
** (₩30,000 × 60% + ₩60,000 × 10% + ₩0 × 40%) ÷ 12 = ₩2,000

(3) 20×1. 1. 31(최고확률금액법에 따른 임대수익인식)

(차) 선수임대수익	10,000	(대) 임 대 수 익	10,000
(차) 보너스채권	2,500	(대) 임 대 수 익	2,500*

* ₩30,000(최고확률금액)÷12＝₩2,500

(4) 20×1. 6. 30(최고확률금액법에 따른 임대수익인식 : 미인식한 소급조정 포함)

(차) 선수임대수익	10,000	(대) 임 대 수 익	10,000
(차) 보너스채권	15,000	(대) 임 대 수 익	15,000*

* ₩30,000(최고확률금액)×6/12＝₩15,000

12-10 금융요소가 중요한 복합거래의 수익인식

(1) 20×1. 7. 1(판매시의 회계처리)

(차) 현 금	1,000,000	(대) 매 출	5,548,960*
장기매출채권	6,000,000	현재가치할인차금	1,451,040

* 매출수익(현재가치)의 계산 : ₩1,000,000＋₩1,200,000×3.7908＝₩5,548,960

(2) 20×1. 12. 31(회계기말의 회계처리)

(차) 현재가치할인차금	227,448	(대) 이 자 수 익	227,448*

* (₩6,000,000－₩1,451,040)×10%×6/12＝₩227,448

12-11 사용권과 접근권의 판매

첫째 프로그램은 사용권의 판매이다. 따라서 판매일에 ₩150,000을 소프트웨어 판매수익으로 인식한다.

둘째 프로그램은 접근권의 판매이다. 따라서 기간수익 인식을 적용하여 ₩2,000,000을 5년에 걸쳐 정액법으로 상각하여 매년 ₩400,000씩을 소프트웨어 판매수익으로 인식한다.

12-12 상품권 판매

일 자	분 개			
20×1. 10. 1 (상품권 발매)	(차) 현 금	600,000	(대) 이 연 수 익	600,000
20×1. 12. 22 (상품판매)	(차) 이 연 수 익	600,000	(대) 매 출 수 익 현 금	590,000 10,000

12-13 위탁판매

	위탁자			수탁자		
5. 4 (상품매입)	재 고 자 산	12,000		- 분개 없음 -		
	현 금		12,000			
9. 10 (적송시)	적 송 품	10,500		- 분개 없음 -		
	재 고 자 산		10,000	(비망기록)		
	현 금		500			
9. 10~12. 31 (매출시)	매 출 채 권	10,000		현 금	12,000	
	판 매 운 임	200		수 탁 매 출		10,000
	위탁수수료	1,800		판매수수료수익		1,800
	위 탁 매 출		12,000	현금(운임)		200
	위탁매출원가	8,400*				
	적 송 품		8,400			
	* (₩10,500/1,000)×800=₩8,400					
12. 31 (대금정산)	현 금	10,000		수 탁 매 출	10,000	
	매 출 채 권		10,000	현 금		10,000

12-14 인터넷 대행 판매

일 자	옥반양파(주)			링인터넷몰		
20×1. 5. 1 (매출시)	매 출 채 권	5,000,000		수수료채권	500,000	
	매 출 수 익		5,000,000	수수료수익		500,000
	매 출 원 가	3,000,000				
	재 고 자 산		3,000,000			
	판매수수료	500,000				
	수수료채무		500,000			
	배 송 비	200,000				
	배송비채무		200,000			
20×1.5.31 (대금정산)	수수료채무	500,000		현 금	500,000	
	배송비채무	200,000		수수료채권		500,000
	현 금		700,000			

12-15 대리인의 수익인식

정우통계서비스(주)는 대리인(중개인)이기 때문에 중개수수료만을 수익으로 인식한다. 따라서 정우통계서비스(주)가 수익으로 인식할 금액은 다음과 같다.

₩4,500,000×20%=₩900,000

12-16 프랜차이즈 수익인식

1) 20×1. 1. 1(계약시점의 회계처리)

(차) 현 금	20,000	(대) 이연프랜차이즈수익	100,000
받 을 어 음	80,000		

(주) 아직 창업지원용역의무를 이행하지 않아서 전액 이연프랜차이즈수익(부채)으로 인식한다. 한편, 받을어음은 표시이자율과 시장이자율이 동일하므로 액면금액을 장부금액으로 기록하며, 현재가치할인차금은 없다.

2) 20×1. 7. 1(의무이행에 따른 창업지원용역수익의 인식)

(차) 이연프랜차이즈수익	100,000	(대) 창업지원프랜차이즈수익	100,000

3) 20×1. 12. 31(운영지원수익과 이자수익의 인식)

(차) 현 금	8,000	(대) 운영지원프랜차이즈수익	8,000
(차) 현 금	4,800*	(대) 이 자 수 익	4,800

* ₩80,000×6%=₩4,800

4) 20×2. 12. 31(운영지원수익, 이자수익, 받을어음의 회수 인식)

(차) 현 금	8,000	(대) 운영지원프랜차이즈수익	8,000
(차) 현 금	4,800	(대) 이 자 수 익	4,800
(차) 현 금	80,000	(대) 받 을 어 음	80,000

12-17 지분법이익

〈20×1. 1. 1(지분법적용투자자산의 취득)〉

(차) 투 자 자 산	400,000	(대) 현 금	400,000

〈20×1. 12. 31(지분법이익의 인식)〉

(차) 투 자 자 산	20,000	(대) 지분법이익	20,000*

* ₩50,000×40%=₩20,000

〈20×2. 2. 28(배당금수령의 인식)〉

(차) 현 금	16,000	(대) 투 자 자 산	16,000*

* ₩40,000×40%=₩16,000

보-1 건설계약의 회계처리

〈20×1년〉

진행률은 37%(=₩51,000/₩137,700)로 계산된다. 따라서 계약이익은 다음과 같이 산출된다.

당기계약수익	₩59,940	(=₩162,000×0.37)
당기계약원가	(51,000)	
계 약 이 익	₩8,940	

(차) 미 성 공 사	51,000	(대) 재료비 등 원가	51,000
(차) 계약미수금	50,000	(대) 진행청구액	50,000
(차) 현 금	49,000	(대) 계약미수금	49,000
(차) 계 약 원 가	51,000	(대) 계 약 수 익	59,940
미 성 공 사	8,940		

〈20×2년〉

추정총계약원가는 ₩168,000(=총계약금액(₩162,000)+예상손실(₩6,000))으로 계산된다. 따라서 당기누적계약원가는 다음과 같이 산출된다.

추정총계약원가	₩168,000
20×3년중 예상추가계약원가	(13,440)
누적계약원가	₩154,560

이에 따라 누적진행률은 92%(=₩154,560/₩168,000)로 계산되며, 20×3년도에 예상되는 손실은 ₩480(=₩162,000×0.08−₩168,000×0.08)이다.

따라서 당기에 인식할 계약원가는 다음과 같이 산출된다.

당기계약수익	₩89,100	(=₩162,000×0.92−₩59,940)
20×1년 인식 이익	8,940	
건설계약 전체 손실	6,000	
계 약 원 가	₩104,040	

(차) 미 성 공 사	103,560*	(대) 재료비 등 원가	103,560

* 추정총계약원가(₩168,000)−20×1년도의 실제발생원가(₩51,000) −20×3년도의 추가공사원가(₩13,440)=₩103,560

(차) 계약미수금	100,000	(대) 진행청구액	100,000
(차) 현 금	90,000	(대) 계약미수금	90,000
(차) 계 약 원 가	104,040	(대) 계 약 수 익	89,100
		미 성 공 사	14,940

〈20×3년〉

당해 연도의 계약손실은 다음과 같이 산출된다.

계 약 수 익	₩12,960	(= ₩162,000 × 0.08)*
계 약 원 가	(12,960)**	
계 약 손 실	₩0	

* ₩162,000 − ₩59,940 − ₩89,100 = ₩12,960

** 실제 발생액 ₩13,440 − 전년도 산입 계약손실액 ₩480 = ₩12,960

(차) 미 성 공 사	13,440	(대) 재료비 등 원가	13,440
(차) 계약미수금	12,000	(대) 진행청구액	12,000
(차) 현 금	23,000	(대) 계약미수금	23,000
(차) 계 약 원 가	12,960*	(대) 계 약 수 익	12,960

* 당기발생 계약원가 ₩13,440 − 전기의 손실인식액 ₩480 = ₩12,960

(차) 진행청구액	162,000	(대) 미 성 공 사	162,000

연도별 공사손익은 다음과 같이 산출된다.

	당해연도	누적연도
〈20×1년(37% 진행)〉		
계 약 수 익(₩162,000 × 37%)	₩59,940	₩59,940
계 약 원 가	(51,000)	(51,000)
계 약 이 익	₩8,940	₩8,940
〈20×2년(55% 진행)〉		
계 약 수 익(₩162,000 × 55%)	₩89,100	₩149,040
계 약 원 가	(104,040)	(155,040)*
계 약 손 실	(₩14,940)	(₩6,000)**
〈20×3년(100% 진행)〉		
계 약 수 익(₩162,000 × 8%)	₩12,960	₩162,000
계 약 원 가	(12,960)	(168,000)
계 약 손 실	₩0	(₩6,000)

* ₩154,560 + ₩480 = ₩155,040

** ₩6,000의 손실을 즉시 인식했기 때문이다.

보-2 진행기준과 완성기준

(1) 진행기준

	〈20×1〉	〈20×2〉	〈20×3〉
진 행 률	25%	60%	100%
계 약 수 익	₩1,000,000	₩1,400,000	₩1,600,000
계 약 원 가	800,000	1,180,000	1,520,000
계약매출총이익	₩200,000	₩220,000	₩80,000

〈회계처리〉

	〈20×1〉		〈20×2〉		〈20×3〉	
○ 계약원가의 기록 :						
(차) 미 성 용 역	800,000		1,180,000		1,520,000	
(대) 재료비, 노무비 등		800,000		1,180,000		1,520,000
○ 계약대금의 청구 :						
(차) 계약미수금	750,000		1,773,000		1,477,000	
(대) 진행청구액		750,000		1,773,000		1,477,000
○ 계약대금의 회수 :						
(차) 현 금	660,000		1,448,000		1,892,000	
(대) 계약미수금		660,000		1,448,000		1,892,000
○ 계약수익과 계약원가의 기록 :						
(차) 계 약 원 가	800,000		1,180,000		1,520,000	
미 성 용 역	200,000		220,000		80,000	
(대) 용 역 수 익		1,000,000		1,400,000		1,600,000
○ 계약완료시의 분개 :						
(차) 진행청구액					4,000,000	
(대) 미 성 용 역						4,000,000

(2) 완성기준

	〈20×1〉		〈20×2〉		〈20×3〉	
○ 계약원가의 기록 :						
(차) 미 성 용 역	800,000		1,180,000		1,520,000	
(대) 재료비, 노무비 등		800,000		1,180,000		1,520,000
○ 계약대금의 청구 :						
(차) 계약미수금	750,000		1,773,000		1,477,000	
(대) 진행청구액		750,000		1,773,000		1,477,000
○ 계약대금의 회수 :						
(차) 현 금	660,000		1,448,000		1,892,000	
(대) 계약미수금		660,000		1,448,000		1,892,000

○ 계약수익과 계약원가의 기록 :

	차변	대변
(차) 계 약 원 가	3,500,000	
미 성 용 역	500,000	
(대) 용 역 수 익		4,000,000

○ 계약완료시의 분개 :

	차변	대변
(차) 진행청구액	4,000,000	
(대) 미 성 용 역		4,000,000

보-3 손실이 나는 경우의 진행기준과 완성기준

1) 진행기준

	〈20×1년〉	〈20×2년〉	〈20×3년〉
진 행 률	25%	76%	100%
계 약 수 익	₩1,000,000	₩2,040,000	₩960,000
계 약 원 가	800,000	2,290,000*	960,000**

* 당기계약수익+전기 이전의 과대계상된 이익+계약기간 전체의 손실
= ₩2,040,000+₩200,000+₩50,000=₩2,290,000

** 20×2년도의 추가손실 인식액은 ₩12,000
계약원가 ₩2,278,000－계약수익 ₩2,040,000－손실인식액 ₩250,000=추가손실 ₩12,000
따라서 공사원가는 ₩960,000=₩972,000－₩12,000

[회계처리]

	〈20×1년〉		〈20×2년〉		〈20×3년〉	
〈계약원가의 인식〉						
(차) 미 성 공 사	800,000		2,278,000		972,000	
(대) 재료비, 노무비 등		800,000		2,278,000		972,000
〈계약대금의 청구〉						
(차) 계약미수금	660,000		1,773,000		1,567,000	
(대) 진행청구액		660,000		1,773,000		1,567,000
〈계약대금의 회수〉						
(차) 현 금	60,000		1,800,000		2,140,000	
(대) 계약미수금		60,000		1,800,000		2,140,000

〈계약수익과 계약원가의 인식〉			
(차) 계 약 원 가	800,000	2,290,000	960,000
미 성 공 사	200,000	—	—
(대) 계 약 수 익	1,000,000	2,040,000	960,000
미 성 공 사	—	250,000	—
〈계약완료시의 분개〉			
(차) 진행청구액			4,000,000
(대) 미 성 공 사			4,000,000

2) 완성기준

	〈20×1년〉	〈20×2년〉	〈20×3년〉
〈미성공사발생시〉			
(차) 미 성 공 사	800,000	2,278,000	972,000
(대) 재료비, 노무비 등	800,000	2,278,000	972,000
〈현금회수시〉			
(차) 현 금	660,000	1,773,000	1,567,000
(대) 계약선수금	660,000	1,773,000	1,567,000
〈기말결산시〉			
(차) 계 약 손 실		50,000	
(대) 미 성 공 사		50,000	
〈완성시〉			
(차) 계약선수금			4,000,000
(대) 계 약 수 익			4,000,000
(차) 계 약 원 가			4,000,000
(대) 미 성 공 사			4,000,000

보-4 진행기준 공사수익과 계약자산 및 계약부채의 보고

(1) 20×1. 12. 31 분개

(차) 미성공사-이익	750,000	(대) 공 사 수 익	1,950,000*
공 사 원 가	1,200,000		

* ₩3,000,000 × 65% = ₩1,950,000

(2) 부분재무상태표(20×1. 12. 31 현재)

유동자산 :

공사매출채권(진행청구액 ₩1,800,000 − 회수액 ₩1,500,000)	₩300,000
계약자산(미성공사 ₩1,950,000 − 진행청구액 ₩1,800,000)	150,000

제 13 장 현금흐름표

익힘문제

1. 현금흐름표의 작성목적과 현금흐름표가 제공하는 정보에 대하여 설명하라.

현금흐름표는 한 기간 동안의 현금상태가 어떻게 변화했는가를 보여주는 보고서로서 현금의 원천과 사용을 영업활동, 투자활동 및 재무활동으로 세분하여 보여준다.

현금흐름표는 아래와 같은 기능을 가진다.

① 미래현금흐름에 대한 평가 : 재무보고의 기본목적은 기업의 미래현금흐름의 금액, 시기, 그리고 불확실성을 예측하는 데 있다. 현금흐름표 정보가 순이익 정보에 추가되면 미래현금흐름을 예측하고 평가하는 데 많은 도움을 준다.

② 순이익의 질에 대한 평가 : 순이익을 측정하기 위해서는 여러 가지 가정, 추정, 그리고 가치평가가 개입되기 때문에 이들의 변화에 따라 순이익이 달라진다. 그러나 현금흐름은 조작할 수 없는 항목이므로 순이익에 비하여 표현충실성이 훨씬 높다. 예컨대 순이익은 증가하지만 현금흐름은 감소할 수도 있으며, 순이익과 현금흐름이 유사하게 증가할 수도 있다. 따라서 이익의 질(quality of earnings)은 현금흐름과 같이 평가되었을 때 제대로 평가를 받는다고 할 수 있다.

③ 영업활동능력에 대한 평가 : 기업이 현재의 영업활동능력을 유지할 수 있을 뿐만 아니라 미래에도 성장할 수 있고, 또한 주주들에게 배당을 할 수 있는지 여부는 필요한 현금이 충분히 창출되고 있으며 미래에도 지속될 것인가에 달려 있다. 현금흐름표는 이에 대하여 풍부한 정보를 제공한다.

④ 유동성과 재무탄력성에 대한 평가 : 유동성(liquidity)이란 자산이 현금으로 전환되거나 부채가 지급되기까지 소요되는 시간의 정도로서 한마디로

현금근접성(nearness to cash)이라고 할 수 있다. 유동성은 특히 유동자산을 이용하여 유동부채를 지급하는 데 지장이 없는가를 나타내는 중요한 지표이다. 재무탄력성(financial flexibility)이란 기업이 예측하지 못했던 자금수요와 투자기회에 따라 현금흐름의 금액과 시기를 적절히 조절할 수 있는 능력을 말한다. 실제로 상당히 수익성이 있는 기업일지라도 일시적 현금부족을 겪거나, 지급불능이나 도산상태에까지 이르는 경우가 있다. 현금흐름표는 유동성과 재무탄력성에 대한 정보를 제공하여 이러한 사태를 미리 예측하고 적절한 대책을 강구하는 데 긴요하게 이용된다.

2. 현금흐름표에서 현금의 범위에 현금성자산이 포함되고 있다. 현금성자산이란 무엇인가? 구체적인 예를 들어 설명하라. 또한 현금성자산을 현금의 범위에 포함시키는 이유를 설명하라.

현금성자산(cash equivalents)은 유동성이 매우 높은 단기투자자산으로서 확정된 금액의 현금으로 전환이 용이하고 가치변동의 위험이 경미한 자산을 말한다. 현금성자산은 즉시 현금화될 수 있으며 또한 필요시에는 곧바로 현금화하겠다는 목적을 가지고 투자되기 때문에 현금과 거의 유사하다고 볼 수 있으므로 현금의 범위에 포함시키는 것이 타당하다.

현금성자산은 유동성이 매우 높은 단기투자자산으로서 확정된 금액의 현금흐름으로 전환이 용이하고 가치변동 위험이 중요하지 않은 자산을 말한다. 예를 들어, 단기투자목적의 수익증권, 양도성예금증서 등과 같이 취득시 보통 3개월 이내에 만기가 도래하는 것이 현금성자산의 대표적인 예이다.

3. 다음의 인용문은 어느 대기업의 연차보고서에서 발췌한 것이다. 이에 대해 논평하라.

"감가상각, 무형자산의 상각 등은 영업활동현금이 당기순이익을 초과하는 원인이 되는 자금을 제공한다."

감가상각, 무형자산의 상각 등은 소위 비현금성비용이기 때문에 당기순손익을 계산할 때는 차감하는 비용이지만 현금흐름에는 영향을 미치지 않는다. 따라서 "영업활동현금이 당기순이익을 초과하는 원인이 되는"의 표현은 맞지만 "자금을 제공한다"라는 표현은 맞지 않다. 비현금성 비용은 그 자체로서 자금을 제공하지는 않지만 영업활동으로 인한 현금흐름을 소위 '간접법'으로 계산할 때는 당기순이익에 현금의 유출이 없는 비용이기 때문에 가산해야 한다는 면을 강조하는 데서 사용된 표현이다.

4. '영업활동현금'을 결정하는 과정에서 감가상각비가 당기순이익에 가산되는 이유는 무엇인가? '영업활동현금'을 계산할 때 당기순이익에 가산되는 기타 (포괄)손익계산서 항목의 예를 들라.

영업활동현금을 결정하는 방법에는 직접법과 간접법이 있다. 간접법을 사용할 경우 발생주의에 의하여 결정된 당기순이익을 현금주의 영업성과인 영업활동현금으로 전환하는 방식을 취한다. 이 경우 감가상각비는 비현금성 비용으로서 당기순이익의 측정에 차감된 항목이기 때문에 당기순이익에 가산함으로써 현금주의로 전환시킬 수 있다. 간접법을 사용할 경우 현금유출을 수반하지 않기 때문에 당기순이익에 가산하는 항목은 모든 비현금성비용들이다. 여기에 속하는 대표적인 예는 감가상각비 이외에도 무형자산의 상각비, 대손상각비, 금융자산평가손실 및 처분손실, 유형자산 및 기타자산의 처분손실, 사채할인발행차금 상각비 등을 들 수 있다.

5. 현수(주)는 완전히 상각되지 않은 기계장치를 경기전망이 불투명하여 폐기하였다. 이 기계장치의 원가는 ₩950,000이고, 폐기시까지의 감가상각누계액은 ₩830,000이었다. 이러한 기계장치의 폐기는 이 기업의 현금흐름에 어떠한 영향을 미치는가?

기계장치의 처분으로 현금의 유입이 있는 경우 현금흐름표에 투자활동으로 인한 현금흐름으로 보고한다. 그러나 본 예시의 경우에는 장부금액이 ₩120,000 (=₩950,000−₩830,000)인 자산을 폐기처분하였기 때문에 기업의 현금흐름에는 영향을 미치지 않았다. 그러나 이 기계장치의 처분으로 인하여 자산처분손실 ₩120,000이 당기순이익의 계산시 차감되어 있다. 따라서 영업활동으로 인한 현금흐름의 계산시 간접법을 이용할 경우 당기순이익에 ₩120,000을 가산해야 한다.

6. 현아(주)는 발행했던 전환사채 중에서 올해에 ₩400,000이 보통주로 전환되었다. 현아(주)의 사장은 다음과 같이 언급하였다.

"보통주를 발행하여 사채를 상환함으로써 ₩400,000의 현금을 절약하였다. 따라서 우리의 현금흐름표에는 사채의 상환을 현금의 유출항목으로 나타낼 필요가 없다." 이에 동의하는가? 그 이유를 설명하라.

위의 거래는 현금흐름표상의 보고대상은 아니다. 그러나 중요한 투자 및 재무활동에 해당되므로 주석보고사항이다.

7. 현금흐름표를 작성할 때 당기순이익의 산정기준을 발생주의기준에서 현금기준으로 변경하는 이유를 설명하라.

당기순이익은 발생주의에 의하여 측정된 영업성과이며, 영업활동현금은 현금주의에 의하여 측정된 영업성과이다. 현금흐름표는 현금주의에 따라 작성되기 때문에 발생주의에 의하여 측정된 당기순이익을 현금주의로 전환할 필요가 있으며, 이렇게 계산된 현금흐름을 특히 영업활동으로 인한 현금흐름이라고 한다.

8. 병선(주)는 20×0년에 ₩350,000의 순이익을 보고했다. 감가상각비는 ₩5,200이었다. 매출채권은 ₩3,500이 증가했고, 매입채무는 ₩4,000이 증가했다. 간접법을 사용하여 '영업활동현금'을 계산하라.

이 경우에는 간접법을 이용하여 다음과 같이 영업활동으로 인한 현금흐름을 계산해야 한다.

영업활동현금＝당기순이익＋감가상각비－매출채권 증가
＋매입채무 증가
＝₩350,000＋₩5,200－₩3,500＋₩4,000＝₩355,700

9. 정민(주)의 발생주의기준 매출액은 ₩100,000으로 보고되었다. 매출채권이 ₩30,000 증가했고, ₩7,000을 대손상각한 후에 대손충당금이 ₩12,000 증가한 경우 현금매출액을 계산하라.

위의 거래를 분개로 나타내면 다음과 같다.

〈기중〉

대손충당금	7,000	매 출 채 권	7,000

〈기말〉

대손상각비	19,000	대손충당금	19,000
매 출 채 권	37,000	매　출　액	100,000
현　　금	63,000		

즉, 현금매출액은 ₩63,000이다.

10. 현금흐름표 작성에서 직접법보다 간접법이 선호되는 근거를 설명하라.

간접법은 작성하기 쉽고, 직접법에 비교하여 회사의 정보가 비교적 외부로 적게 유출된다고 보기 때문이다. 또한 직접법보다 간접법이 우수하다고 주장하는 근거는 다음과 같다.

① 간접법에서는 기존의 발생주의회계에서 산출된 당기순이익과 '영업활동현금'을 조정함으로써 이 둘 간의 차이를 명확하게 부각시킨다. 즉 현금흐름표와 손익계산서 간의 관계에 대한 정보를 제공한다. 이는 미래의 현금흐름을 평가하는 데 매우 유용하다.

② 간접법으로 작성하면 기업간 회계측정상의 차이와 현금의 유입과 유출에 영향을 미치지 않는 항목이 당기순이익에 미치는 영향을 파악할 수 있다.

11. 이자비용, 이자수익 및 배당금수익이 영업활동현금으로 구분되기도 하고, 투자활동현금 및 재무활동현금으로 구분되기도 하는 이유를 설명하라.

이자비용, 이자수익 및 배당금수익은 당기순손익 계산에 포함되는 항목이므로 대칭차원에서 영업활동현금으로 구분하였다. 그러나 이들의 원천거래가 투자활동(이자수익, 배당금수익) 또는 재무활동(이자비용)이므로 원천거래와의 일관성차원에서 투자 및 재무 활동으로 구분하기도 한다.

12. 법인세비용은 어떤 경우에 투자활동현금 및 재무활동현금으로 구분되는가?

법인세지출이 투자 또는 재무 활동과 명백히 관련된 경우에는 투자 또는 재무 활동으로 구분한다.

연습문제

13-1 현금흐름의 구분

	항 목	구 분		항 목	구 분
1	보통주의 발행	재	11	타사 발행 회사채의 취득	투
2	토지의 판매	투	12	회사채에 대한 이자지급	영, 재
3	자기주식의 취득	재	13	현금배당의 지급	재
4	상품의 판매	영	14	건물의 취득	투
5	차입금의 차입	재	15	대여금의 회수	투
6	상품의 매입	영	16	대여금의 대여	투
7	차입금의 상환	재	17	법인세의 지급	영
8	종업원의 임금	영	18	특허권의 판매	투
9	비품의 처분(매각이익 발생)	투	19	선급임차료의 지급	영
10	회사채의 발행	재	20	외상매입금의 지급	영

13-2 영업활동현금 – 간접법 (1)

당기순손실		(₩600,000)
가감 :		
감가상각비	₩460,000	
특허권상각비	150,000	
재 해 손 실	630,000	
토지처분이익	(350,000)	
사채이자(할증차금 환입분)	(90,000)	800,000
영업활동으로 인한 자산·부채의 변동 :		
매출채권 감소		200,000
미지급비용의 증가		50,000
선급비용 증가		(100,000)
재고자산 증가		(70,000)
매입채무 감소		(150,000)
영업에서 창출된 현금		₩130,000
이자지급		0
법인세납부		0
영업활동 순현금흐름		₩130,000

13-3 영업활동현금 – 간접법 (2)

당기순이익		₩145,000
가감 :		
감가상각비	₩53,800	
특허권상각비	2,300	
대손상각비	10,000*	
금융자산처분이익	(5,000)	
지분법이익	(10,400)**	50,700
영업활동 순현금흐름		₩195,700***

* ₩500,000×0.02 한편, 매출채권의 증감은 총액으로 반영한다.

** ₩26,000×40%=₩10,400

*** 보다 완전한 금액을 구하기 위해서는 영업활동과 관련된 자산/부채 계정(예, 매출채권 또는 매입채무 등)의 증감을 반영하고, 이자지급과 법인세납부도 반영해야 할 것이다.

(주) 1) 자기주식의 취득과 처분은 '재무활동으로 인한 현금흐름(유출)'에 유출과 유입으로 보고하며, 자기주식처분손실은 이익잉여금에서 직접 차감되므로 추가적인 수정이 필요하지 않다.

2) 주식배당은 현금의 유입과 유출이 없는 거래로 주석으로 보고한다.

13-4 영업활동현금 – 직접법

(1) 매출액－매출채권의 증가＝₩53,880－(₩3,300－₩3,000)＝₩53,580

(2) (매출원가＋판매및관리비)＋재고자산의 증가－매입채무의 증가

－감가상각누계액의 증가(감가상각비)－대손충당금의 증가(대손상각비)

＝(₩25,000＋₩27,850)＋(₩3,100－₩4,700)－(₩2,500－₩1,750)

－(₩1,650－₩1,500)－(₩130－₩110)

＝₩50,330

(3) 이자비용－사채할인발행차금의 감소(사채할인발행차금상각)

＝₩430－(₩500－₩450)

＝₩380

(4) 법인세비용－미지급법인세의 증가－이연법인세부채의 증가

＝₩2,040－(₩2,100－₩2,710)－(₩530－₩460)

＝₩2,580

13-5 투자활동현금

투자활동으로 인한 순현금유출액 = −36 + 90 − 80 = 26(백만원)

(또는 −36 + 90 + 15 − 80 = 11)

(주) 자기주식의 취득은 재무활동 현금유출 ; 토지판매이익을 포함한 토지판매대가 전체가 투자활동 현금유입으로 보고됨 ; 배당금수익은 영업활동현금으로 취급될 수도 있고 투자활동현금으로 취급될 수도 있음.

13-6 재무활동현금

재무활동으로 인한 순현금유출입액 = −48 − 452 + 60 = −440(백만원)

(주) 주식배당은 현금흐름을 수반하지 않음.

13-7 간접법에 의한 현금흐름표 작성

(1) 현금흐름표 작성을 위한 분개

① 당기순이익	(차) 영업활동현금	23,000	(대) 이익잉여금	23,000
② 배당금	(차) 이익잉여금	5,000	(대) 재무활동현금	5,000
③ 감가상각비	(차) 영업활동현금	6,000	(대) 감가상각누계액	6,000
④ 매출채권 증가	(차) 매 출 채 권	4,000	(대) 영업활동현금	4,000
⑤ 재고자산 증가	(차) 재 고 자 산	9,000	(대) 영업활동현금	9,000
⑥ 선급비용 감소	(차) 영업활동현금	1,000	(대) 선 급 비 용	1,000
⑦ 건물취득	(차) 건 물	20,000	(대) 투자활동현금	20,000
⑧ 매입채무 감소	(차) 매 입 채 무	4,000	(대) 영업활동현금	4,000
⑨ 사채발행	(차) 재무활동현금	18,000	(대) 사 채	18,000

(2) 현금흐름표 작성용 정산표

	기 초	차 변	대 변	기 말
〈차 변〉				
현 금	10,000	(*) 6,000		16,000
매 출 채 권(순액)	12,000	④ 4,000		16,000
재 고 자 산	22,000	⑤ 9,000		31,000
선 급 비 용	3,000		⑥ 1,000	2,000
건 물	70,000	⑦ 20,000		90,000
차 변 총 계	₩117,000			₩155,000
〈대 변〉				
감가상각누계액(건물)	20,000		③ 6,000	26,000
매 입 채 무	14,000	⑧ 4,000		10,000
사 채	—		⑨ 18,000	18,000
자 본 금	50,000			50,000
이익잉여금	33,000	② 5,000	① 23,000	51,000
대 변 총 계	₩117,000			₩155,000
Ⅰ. 영업활동현금		(현금유입)	(현금유출)	
당기순이익		① 23,000		
가감 :				
감가상각비		③ 6,000		
영업활동 관련 자산·부채의 변동 :				
매출채권 증가			④ 4,000	
선급비용 감소		⑥ 1,000		
재고자산 증가			⑤ 9,000	
매입채무 감소			⑧ 4,000	
Ⅱ. 투자활동현금				
건 물 취 득			⑦ 20,000	
Ⅲ. 재무활동현금				
사 채 발 행		⑨ 18,000		
배당금지급			② 5,000	
소 계		₩96,000	₩90,000	
현 금 증 가			(*) 6,000	
합 계		₩96,000	₩96,000	

〈현금흐름표〉

현금흐름표

선인(주) 20×2. 1. 1～20×2. 12. 31

Ⅰ. 영업활동 순현금흐름		
당기순이익	₩23,000	
가감 :		
감가상각비	6,000	
영업활동 관련 자산·부채의 변동 :		
매출채권(순액) 증가	(₩4,000)	
선급비용 감소	1,000	
재고자산 증가	(9,000)	
매입채무 감소	(4,000)	
영업에서 창출된 현금	₩13,000	
이자지급	0	
법인세납부	0	₩13,000
Ⅱ. 투자활동현금		
건물취득	(20,000)	(20,000)
Ⅲ. 재무활동현금		
사채발행	₩18,000	
배당금지급	(5,000)	13,000
Ⅳ. 현금의 증가		₩6,000
Ⅴ. 기초의 현금		10,000
Ⅵ. 기말의 현금		₩16,000

13-8 현금흐름표 – 직접법과 간접법

* 손익계산서의 전환

관련항목	발생주의	조정 차변	조정 대변	현금주의
매 출	₩6,900			
매출채권 증가		500		₩6,400
매출원가/판매비와 관리비	(5,850)			
재고자산 감소			300	
매입채무 증가			300	
감가상각비			50	
미지급비용 감소		100		(5,300)
합 계	₩1,050	₩600	₩650	₩1,100

(1) 간접법에 의한 현금흐름표

현금흐름표

정민(주) 20×2. 1. 1～20×2. 12. 31

Ⅰ. 영업활동 순현금흐름		
당기순이익	₩1,050	
가감 :		
감가상각비	50	
영업활동 관련 자산·부채의 변동 :		
매출채권의 증가	(₩500)	
재고자산 감소	300	
매입채무 증가	300	
미지급비용의 감소	(100)	
영업에서 창출된 현금	₩1,100	
이자지급	0	
법인세납부	0	₩1,100
Ⅱ. 투자활동현금		
투자자산처분	₩100	
건 물 구 입	(150)	(50)
Ⅲ. 재무활동현금		
주 식 발 행	₩200	
배당금지급	(400)	
사 채 상 환	(100)	(300)
Ⅳ. 현금의 증가(Ⅰ+Ⅱ+Ⅲ)		₩750
Ⅴ. 기초의 현금		1,550
Ⅵ. 기말의 현금		₩2,300

(2) 직접법에 의한 현금흐름표

현금흐름표

정민(주) 20×2. 1. 1～20×2. 12. 31

Ⅰ. 영업활동현금		
가. 고객으로부터의 유인된 현금	₩6,400	
나. 공급자와 종업원에 대한 현금유출	(5,300)	₩1,100
Ⅱ. 투자활동현금		
투자자산처분	₩100	
건 물 구 입	(150)	(50)
Ⅲ. 재무활동현금		
주 식 발 행	₩200	
배당금지급	(400)	
사 채 상 환	(100)	(300)
Ⅳ. 현금의 증가(Ⅰ+Ⅱ+Ⅲ)		₩750
Ⅴ. 기초의 현금		1,550
Ⅵ. 기말의 현금		₩2,300

(주석) 당기순이익	₩1,050
가감 :	
감가상각비	50
영업활동 관련 자산·부채의 변동 :	
매출채권 증가	(₩500)
재고자산 감소	300
매입채무 증가	300
미지급비용 감소	(100)
영업에서 창출된 현금	₩1,100
이자지급	0
법인세납부	0
영업활동 순현금흐름	₩1,100

제 14 장 재무제표분석

익힘문제

1. "재무제표정보의 중요성은 금액만으로 결정되는 것이 아니다." 이 말의 의미를 설명하라.

   재무제표에 나타나는 금액은 대부분 그 자체만으로는 중요한 의미를 지니지 못한다. 보다 중요한 것은 항목간의 상관관계, 그리고 현재의 상태를 과거와 비교했을 때 나타나는 변동의 방향 및 크기이다. 재무제표분석을 통하여 항목간의 중요한 관계를 설정하거나 각 항목의 성격과 변화 및 추세를 부각시킬 수 있다.

2. 당신의 친구가 영어를 전공하고 있는데 아직 경영학 과목을 수강한 적도 없고 실무경험도 없다. 그 친구는 某회사에 소액투자를 하고 있는데, 이 회사로부터 당해 연도의 재무제표를 제공받았다. 그는 당신에게 재무제표를 분석하고 평가하기 위해서 무엇을 알아야 하는지 문의해 왔다. 당신은 그에게 어떻게 답변할 것인가?

   재무제표분석(financial statement analysis)은 재무제표이용자가 의사결정을 하는 데 필요한 재무정보를 제공해 주는 회계시스템의 한 분야이다. 이는 기업의 과거 및 현재의 경영상황, 즉 기업성과 및 재무상태를 평가하고 기업의 미래상황을 예측하여 기업의 이해관계자들이 기업과 관련된 다양한 의사결정을 하는 데 이용된다. 또한 재무제표분석은 의사결정에 필요한 정보를 분석하여 제공함으로써 의사결정에 소요되는 시간과 비용이 절약되도록 해준다. 재무제표분석은 회계시스템에서 산출되는 재무제표 이외에도 비계량적인 경제분석자료나 질적 자료 등도 이용한다. 이러한 재무제표분석과 평가를 위해 먼저 재무제표의 이해가 선행되어야 한다.

3. 재무제표를 분석하는 방법에는 재무비율분석과 요소구성비율분석이 있는데, 이들의 차이점을 언급하고 각각의 분석기법이 가지는 장점은 무엇인지 설명하라.

재무비율(financial ratios)이란 재무제표에 나타난 두 개 이상 항목들간의 상관관계를 수학적으로 표현한 것을 말한다. 재무비율은 재무제표상의 두 개 이상의 항목을 이용하여 계산할 수 있지만, 유용한 비율이 되기 위해서는 재무정보이용자들이 기업의 수익성과 위험 등을 판단하는 데 필요한 경제적인 의미를 지녀야 한다.

재무비율을 이용함으로써 상호 관련된 많은 항목들을 경제적인 의미가 있는 몇몇 지표로 축소할 수 있고 보다 쉽게 이해할 수 있게 된다. 즉 재무비율은 기업의 이해관계자들에게 기업의 수익성과 위험 등을 종합적으로 판단할 수 있는 정보를 제공한다. 그러나 재무비율은 재무제표의 분석과 해석에 이용될 수 있는 보조도구일 뿐, 효율적인 재무제표분석을 위해 폭넓게 요구되고 있는 건전한 사고를 대체할 수는 없다.

요소구성비율(component ratio)은 재무제표를 구성하고 있는 각 재무제표항목의 상대적인 크기를 나타낸다. 재무상태표의 각 항목을 총자산에 대한 비율로 표현하면 공통형재무상태표(common size balance sheet)를 작성할 수 있는데, 여기에서 각 자산의 상대적인 중요성뿐만 아니라 장・단기 채권이나 주식으로 조달된 자금의 상대적 중요성도 쉽게 파악할 수 있다. 또한 몇 연도의 재무상태표 구성비율을 비교하면 특정 항목의 상대적인 중요성의 변화도 파악할 수 있다.

4. 재무담당이사는 재무비율을 함께 보고할 것을 요청했다. 제시될 비율의 유형이나 범주를 지적하고 각각의 중요성을 설명하라.

재무비율은 기업활동의 경제적 측면에 관련시켜 다음과 같이 분류된다.

① 단기지급능력을 나타내는 비율(유동성비율) : 만기가 1년 이내에 도래하는 단기부채에 대하여 이러한 단기부채의 상환재원이 될 수 있는 유동자산, 즉 단기간에 현금화가 가능한 자산의 상대적인 규모로 측정한다. 따라서 이 비율은 단기채무에 대한 변제능력(solvency)을 나타내고 있으며, 단기채권자인 은행 등이 가장 관심을 갖는 재무비율이다.

② 장기지급능력을 나타내는 비율(안정성비율) : 기업이 장기채무에 대한 원금과 이자를 원만하게 지급할 수 있는지를 평가하는 데 주요 목적이 있다. 이 비율은 장기적인 재무 및 영업구조를 강조하고 있다.

③ 수익성을 나타내는 비율(수익성비율) : 영업성과를 나타내는 재무비율로

서, 이 비율의 분자는 기간이익(예를 들면, 순이익 또는 영업이익)이고 분모는 투자액(예를 들면, 총자산 또는 자기자본)이나 매출액으로 구성된다. 이 비율은 주식투자자나 채권자들에게 투자자본이 얼마나 효율적으로 이용되고 있는지에 관한 정보를 제공해 준다.

④ 효율성을 나타내는 비율(활동성비율) : 자산의 효율적인 운용 여부를 평가하고자 하는 재무비율

⑤ 성장성을 나타내는 비율(성장성비율) : 주요 재무제표항목의 연도별 변동액 비율

⑥ 생산성을 나타내는 비율(생산성비율) : 능률과 성과를 측정하고 생산요소별로 공헌도를 측정하며 합리적인 성과배분을 도모하기 위하여 수행

⑦ 보통주 평가와 관련된 비율 : 증권가격은 회계자료와는 달리 과거의 경영성과뿐만 아니라 미래에 관한 전망까지도 포함하고 있기 때문에 기업의 실질가치를 가장 적절히 표시할 수 있다.

⑧ 배당과 관련된 비율 : 배당성향(payout ratio)은 총배당액을 당기순이익으로 나누어서 측정하는데, 이는 당기순이익 중에서 배당으로 지급된 비율을 나타낸다. 배당수익률(dividend yield)은 주당배당액을 주당주가로 나누어 측정하는데, 이는 투자자가 배당으로 얻은 수익률을 나타낸다.

5. 유동비율의 의의는 무엇인가? 만약 이 비율이 너무 낮다면 이는 무엇을 의미하는가? 이 비율이 너무 높을 수도 있는가?

유동비율(current ratio)이란 유동자산을 유동부채로 나누어 측정하는 것으로서 유동성(liquidity)을 평가하는 데 가장 보편적으로 이용된다. 일반적으로 유동비율이 2 : 1(200%) 이상이면 만족스럽다고 본다. 그러나 이러한 기준은 매우 임의적인 것으로서 많은 예외사항과 한계점을 가지고 있다. 유동비율을 해석할 때에는 다음과 같은 점에 유의해야 한다.

① 채권자는 유동비율이 높을수록 좋다고 해석한다. 그러나 경영자의 입장에서는 반드시 그러한 것은 아니다. 왜냐하면 유동비율이 높으면 매출채권이나 재고자산 등이 적정수준보다 많을 수 있으므로 자산이 효율적으로 이용되고 있지 못하다는 것을 의미할 수도 있기 때문이다.

② 연말에 측정된 유동비율은 연중 유동성을 나타내는 것이 아니다. 특히, 영업활동에 계절성이 있는 경우에는 더욱 그렇다. 또한, 채권자가 유동비율에 관심을 갖고 있다는 것을 염두에 두고 경영자는 유동비율을 높이기 위한 수단을 동원할 수 있다. 예를 들면, 외상구매를 연기한다든지 단기부채를 일시적으로 상환한다든지 하여 유동비율을 높일 수 있다.

③ 유동비율은 운전자금의 금액과 함께 평가하는 것이 바람직하다. 예를 들어 갑회사가 유동자산이 ₩200,000이고 유동부채가 ₩100,000이며, 을회사는 유동자산이 ₩2,000,000이고 유동부채가 ₩1,000,000이라 하자. 갑과 을 두 회사 모두 유동성은 양호하다. 그러나 두 회사가 모두 같은 금액인 ₩100,000의 현금을 추가적으로 차입했을 경우 갑회사의 유동비율은 200%에서 150%로 급격히 악화되지만, 을회사의 유동비율은 상대적으로 작은 변동을 보일 뿐이다.

6. 재고자산회전율을 계산하는 데 분자에 매출원가를 이용하는 이유는 무엇인가? 재고자산회전율이 증가할 때 어떠한 위험이 증가한다고 보는가?

재고자산회전율(inventory turnover ratio)은 매출원가를 평균재고자산으로 나누어서 계산한다. 이 비율의 분모인 재고자산이 일반적으로 취득원가로 평가되어 있기 때문에 분자도 매출액보다는 매출원가를 이용하는 것이 타당하다.

재고자산회전율이 증가하면 재고자산의 부족으로 매출기회를 상실할 위험이 존재한다.

7. 다음은 각각 별개의 상황들이다. 물음에 답하라.

(1) 유동비율이 5 : 1이고 당좌비율은 1 : 1이다. 만약 재고자산과 선급비용이 ₩600,000이라면 유동부채의 금액은 얼마인가?

당좌비율이 1 : 1이기 때문에 '유동자산－재고자산과 선급비용(₩600,000)＝유동부채'라는 것을 알 수 있다.

유동비율이 5 : 1이기 때문에 유동자산은 유동부채의 5배라는 것을 알 수 있다.

따라서 유동부채의 금액은 ₩150,000이다.

(2) 지난해 ₩200,000의 평균재고자산을 가지고 있고 재고자산회전율은 5회이다. 만약 올해 매출수량과 단위원가가 지난해와 같은 수준이고 올해의 재고자산회전율이 8회라면, 당해 연도 평균재고자산은 얼마인가?

₩200,000의 평균재고자산을 가지고 있고 재고자산회전율은 5회이므로 매출원가는 ₩1,000,000이라는 것을 알 수 있다.

따라서 당해 연도 평균재고자산은 ₩125,000(＝₩1,000,000/8회)이다.

(3) 회사는 ₩900,000의 유동자산(이 중 ₩400,000은 재고자산과 선급비용)과 ₩300,000의 유동부채가 있다. 유동비율과 당좌비율은 얼마인가?

유동비율은 3 : 1(＝900,000 : 300,000), 당좌비율은 5 : 3(＝500,000* : 300,000)이다.

* 유동자산 ₩900,000－재고자산과 선급비용 ₩400,000

만약 회사가 은행에서 120일만기 단기차입금 ₩150,000을 대부받았다면 유동비율과 당좌비율은 얼마인가?

유동비율은 2 : 1(＝900,000 : 450,000*), 당좌비율은 10 : 9(＝500,000 : 450,000)이다.

* 유동부채 ₩300,000＋단기차입금 ₩150,000

(4) ₩600,000의 유동자산과 ₩240,000의 유동부채를 가지고 있다. 이 회사는 ₩180,000의 현금배당을 선언하였다. 배당선언 후 배당금지급 전의 유동비율과 배당금지급 후의 유동비율은 각각 얼마인가?

배당금지급 전의 유동비율은 5 : 2(＝600,000 : 240,000)이고, 배당금지급 후의 유동비율은 7 : 4(＝420,000* : 240,000)이다.

* 유동자산 ₩600,000－현금배당 ₩180,000

8. 다음 용어의 의미를 설명하라.

(1) 배당성향 : 배당성향(payout ratio)은 총배당액을 당기순이익으로 나누어서 측정하는데, 이는 당기순이익 중에서 배당으로 지급된 비율을 나타낸다. 이 비율은 기업의 배당정책을 나타내 주며 미래수익의 불확실성에 대한 경영자의 인식을 반영하고 있다고 본다.

(2) 주당순이익 : 주당이익(earnings per share : EPS)은 보통주 1주에 귀속되는 순이익을 나타내는 지표로서 실무에서 경영성과를 평가하는 데 가장 보편적으로 이용되고 있는 지표이다. 이 지표의 분자는 당기순이익에서 우선주 소유주에게 배분되는 배당금을 제외한 금액이고, 분모는 보통주의 가중평균유통보통주식수이다.

(3) 배당수익률 : 배당수익률(dividend yield)은 주당배당액을 주당주가로 나누어 측정하는데, 이는 투자자가 배당으로 얻은 수익률을 나타낸다.

(4) 주가이익비율 : 주가이익비율(price-earnings ratio : PER)은 보통주 주당주가를 주당이익으로 나누어 계산한다.

9. 과거 10년간 각 연도의 비교재무상태표와 비교손익계산서는 오해의 소지가 있다. 오해를 일으킬 수 있는 요인이나 상황을 설명하라. 이러한 오해를 예방하기 위해서 재무보고서에 포함되어 제공되어야 하는 추가정보와 보충자료에 대해서도 설명하라.

재무비율분석은 재무제표의 자료에 근거한 것이므로 재무제표의 한계점을 그대로 갖는다. 예를 들면 취득원가에 의하여 자산평가를 하고 있기 때문에 자산이 적절히 평가되고 있지 못하며, 회계처리방법이 다양하여 기업간 회계자료의 비교가능성이 침해되고 있다. 또한 계수화가 불가능한 항목인 경영자의 능력, 조직의 효율성, 기술개발능력, 노사관계 등이 고려되지 못하고 있다. 한 기업의 재무비율을 기간별로 비교할 때에는 비교되는 두 기간간의 기업여건의 변화를 고려해야 한다. 예를 들면, 생산품목이나 판매대상지역이 크게 변화했다든지, 경제여건이나 판매가격 등에서 변화가 발생했을 때 이를 고려하지 않고 직접적으로 비교하는 것은 적절하지 못하다. 재무제표분석 결과만으로 기업경영을 평가하는 지표로 사용해서는 안 된다. 재무제표분석은 단지 앞으로 상세히 검토해 보아야 할 분야를 부각시켜 주는 것일 뿐이다. 따라서 재무제표에 근거한 재무비율로부터 적정한 결론을 도출하기 위해서는 이와 관련된 다른 요인들에 대한 추가적인 조사를 병행해야 하는데 이러한 재무비율분석의 효율적인 수행을 보완하는 방법으로는 추세분석, 요소구성비율분석 등이 있다.

10. 처음으로 재무관리를 수강한 한 학생이 다음과 같이 말했다. "우리는 비율분석을 사용하지 않았다. 우리 교수님은 비율분석이 더 이상 선호되는 재무분석 기법이 아니라고 하신다." 이에 대하여 논하라.

재무비율은 재무제표의 분석과 해석에 이용될 수 있는 보조도구일 뿐, 효율적인 재무제표분석을 위해 폭넓게 요구되고 있는 건전한 사고를 대체할 수는 없다. 그러나 재무비율을 이용함으로써 상호 관련된 많은 항목들을 경제적인 의미가 있는 몇몇 지표로 축소할 수 있고 보다 쉽게 이해할 수 있게 된다. 즉 재무비율은 기업의 이해관계자들에게 기업의 수익성과 위험 등을 종합적으로 판단할 수 있는 정보를 제공한다.

연습문제

14-1 이익유보

(1) 매출원가는 해마다 동일 수준을 유지하고 있는 데 반해서 재고자산은 지속적으로 증가하고 있다. 따라서 재고자산이 비효율적으로 관리되고 있음을 알 수 있다.

* 각 연도별 재고자산회전율 :
20×2 : ₩2,960,000/[(₩456,000 + ₩545,000)/2] = 5.9회
20×3 : ₩3,000,000/[(₩545,000 + ₩601,000)/2] = 5.2회
20×4 : ₩3,240,000/[(₩601,000 + ₩689,000)/2] = 5.0회

(2) 재고자산이 증가한 원인을 분석해야 한다. 새로운 생산라인이 추가되거나 현재의 생산라인이 너무 많이 가동되면 재고가 증가하게 되며 기존재고의 진부화현상이 누적되게 된다. 이때는 계속기록법에 의한 재고관리를 통해 필요재고량보다 많은 재고가 누적된 원인을 찾아야 하고 재고자산정책이 잘 수립되어 이행되는가도 분석해야 한다.

(3) 위와 같이 재고자산의 누적이라는 문제점이 밝혀졌다. 따라서 앞으로는 재고가 누적되지 않도록 구매와 매출수량에 대한 통제를 엄격하게 해야 하며, 매출속도가 느린 제품의 종류를 파악하여 이를 중점적으로 관리하도록 권한다.

14-2 운전자본추정

유동자산 :	현 금	₩48,000[1)]	
	매출채권	120,000[2)]	
	재고자산	90,000[3)]	
	선급비용	24,000[4)]	₩282,000
유동부채 :	매입채무	₩550,000	
	미지급비용	36,000[5)]	586,000
운전자본			(₩304,000)

1) ₩1,200,000 × 0.04
2) ₩1,200,000/10
3) 재고자산회전율 = 매출원가/평균기말재고
6회 = (₩1,200,000 × (1 − 0.55)) / x ∴ x = ₩90,000
4) ₩1,200,000 × 0.02
5) ₩1,200,000 × 0.03

14-3 재무비율계산

(1) ① 유동비율＝유동자산/유동부채

＝(₩45,000＋₩95,000＋₩170,000＋₩8,000)/(₩82,000＋₩5,000)＝3.66

② 재고자산회전율＝매출원가/평균기말재고

＝₩820,000/[(₩200,000＋₩170,000)/2]＝4.43회

③ 매출채권회전율＝순외상매출액/평균매출채권

＝₩1,400,000/₩95,000＝14.74회

④ 주당순이익＝보통주에 귀속하는 당기순이익/가중평균유통보통주식수

＝₩410,000/(₩260,000/₩5,000)＝₩7,884.6

⑤ 매출액순이익률＝당기순이익/매출액＝₩410,000/₩1,400,000＝0.29

⑥ 자본순이익률＝당기순이익/평균자본＝₩410,000/₩401,000＝1.02

(2) 유동비율＝유동자산/유동부채

① 회수불능 매출채권 제각→매출채권 감소＆대손충당금 감소→유동비율 변동 없음

② 현금으로 주식(유동자산으로 분류) 구입→유동자산 변동 없음→유동비율 변동 없음

현금으로 주식(비유동자산으로 분류) 구입→유동자산 감소→유동비율 감소

③ 단기채무 지급→유동자산과 유동부채 감소→유동비율 변동 가능

〈예〉

사례 1 : 단기채무 지급 전 유동자산이 ₩200,000이고 유동부채가 ₩100,000이라면 유동비율이 2이다. 단기채무 ₩40,000을 지급하면 유동자산은 ₩160,000이 되고 유동부채는 ₩60,000이 되어 유동비율은 2.67로 증가한다.

사례 2 : 단기채무 지급 전 유동자산이 ₩180,000이고 유동부채가 ₩200,000이라면 유동비율은 0.9이다. 단기채무 ₩40,000을 지급하면 유동자산은 ₩140,000이고 유동부채는 ₩160,000이 되어 유동비율은 0.875로 감소한다. 유동비율이 불변하는 경우는 지급 전 유동비율이 1(즉, 유동자산과 유동부채가 동일한 금액)인 경우이다.

④ 매출채권 회수→매출채권 감소＆현금 증가→유동비율 불변

⑤ 기계장치의 외상매입→유동부채 증가→유동비율 감소

⑥ 매입채무 불변→유동비율 불변

14-4 재무비율을 이용한 재무항목의 추정

손익계산서

우리별(주) 20×1. 1. 1부터 20×1. 12. 31까지 (단위 : 원)

순 매 출 액	₩150,000 ③
매 출 원 가	105,000 ⑤
매출총이익	₩45,000 ④
영 업 비 용	23,000 ⑦
영 업 이 익	₩22,000 ⑥
사채이자비용	2,000 ⑥
법인세비용차감전순이익	₩20,000 ①
법인세비용	8,000 ②
당기순이익	₩12,000

재무상태표

우리별(주) 20×1. 12. 31 현재 (단위 : 원)

〈자 산〉		〈부 채〉	
현 금	₩8,200 ⑫	유 동 부 채	₩16,000 ⑪
매 출 채 권(순액)	11,000 ⑨	10% 사채	20,000 ⑩
재 고 자 산	40,000 ⑧	부채총계	₩36,000
비 품(순액)	60,800 ⑬	〈자 본〉	
		자 본 금	₩50,000 ⑭
		이익잉여금	34,000
자산총계	₩120,000	부채와 자본총계	₩120,000

① 순이익/(1－법인세율)＝₩12,000/0.6＝₩20,000

② 법인세비용차감전순이익×법인세율＝₩20,000×0.4＝₩8,000

③ 순이익/매출액순이익률＝₩12,000/0.08＝₩150,000

④ 순매출액×매출총이익률＝₩150,000×0.3＝₩45,000

⑤ 순매출액－매출총이익＝₩150,000－₩45,000＝₩105,000

⑥ 총자산이익률×평균총자산＝영업이익

0.2×[(₩100,000＋₩120,000)/2]＝₩22,000

영업이익－법인세비용차감전이익＝사채이자비용

₩22,000－₩20,000＝₩2,000

⑦ 매출총이익－영업이익＝영업비

₩45,000－₩22,000＝₩23,000

⑧ 매출원가/재고자산회전율＝평균재고자산

₩105,000/3＝₩35,000

(평균재고자산×2)－기초재고자산＝기말재고자산

(₩35,000×2)－₩30,000＝₩40,000

⑨ (순매출액×매출채권 평균회수기간)/365일＝매출채권

(₩150,000×29.2)/365＝₩12,000

매출채권－대손충당금＝순매출채권

₩12,000－₩1,000＝₩11,000

⑩ 이자비용/이자율＝사채

₩2,000/0.10＝₩20,000

⑪ 부채비율×총자산＝총부채

0.3×₩120,000＝₩36,000

총부채－사채＝유동부채

₩36,000－₩20,000＝₩16,000

⑫ 당좌비율×유동부채＝현금＋매출채권(순액)

1.2×₩16,000＝₩19,200

[현금＋매출채권(순액)]－매출채권(순액)＝현금

₩19,200－₩11,000＝₩8,200

⑬ 총자산－현금－매출채권(순액)－재고자산＝비품(순액)

₩120,000－₩8,200－₩11,000－₩40,000＝₩60,800

⑭ (1－부채비율)×총자산＝자본

0.7×₩120,000＝₩84,000

자본－이익잉여금＝보통주자본금

₩84,000－₩34,000＝₩50,000

14-5 운전자본과 활동성비율

(1) 매출채권회전율＝순외상매출액/평균매출채권＝₩638,325/₩75,600＝8.44
(주) 모든 매출은 외상으로 이루어진다고 가정함.

(2) 재고자산회전율＝매출원가/기말재고＝₩395,800/₩117,000＝3.38

(3) 운전자본부족액을 보존하기 위해 소요되는 영업일수
＝(운전자본부족액/영업활동에서 조달된 운전자본)×300
＝(₩21,900/[₩104,865＋₩24,935])×300일＝51일

(4) 총자산이익률＝순이익/평균총자산
＝(순이익/매출액)×(매출액/평균총자산)
＝(₩104,865/₩638,325)×[₩638,325/(₩202,600＋₩241,000)]
＝16.42%×1.44＝23.64%

저자약력

윤순석 University of Wisconsin -Madison(Ph.D)
현, Western Illinois University 교수

저서 및 주요 논문 K-IFRS 중급재무회계(신영사, 공저, 2023) | IFRS Principles of Accounting(신영사, 공저, 2023) | Does brain gain enhance firm value? Evidence from China(Asia Pacific Business Review, 2021) | The end of rent sharing corporate governance reforms in South Korea (Asia Pacific Business Review, 2021) | Does technology innovation in finance alleviate financing constraints and reduce debt-financing costs? Evidence from China(Asia Pacific Business Review, 2021) 등

송인만 University of Wisconsin -Madison(Ph.D) | AICPA(Wisconsin)
현, 성균관대학교 경영학부 명예교수

저서 및 주요 논문 K-IFRS 중급재무회계(신영사, 공저, 2022) | 원칙중심 회계기준 : 재무보고 개념체계의 이해(신영사, 공저, 2020) | 포괄손익계산서 보고양식과 회계이익의 정보유용성(회계저널, 2015) | Reputation Effects on Market Premium and Audit Fees(Korean Accounting Review, 2014) 등

김효진 전남대학교(경영학박사), York University(Post-Doc)
현, 전주대학교 회계세무학과 교수

저서 및 주요 논문 IFRS Principles of Accounting(신영사, 공저, 2023) | The end of rent sharing corporate governance reforms in South Korea(Asia Pacific Business Review, 2021) | A critical evaluation of the Jones models and the industry approach for the estimation of discretionary accruals (Asian Pacific Journal of Accounting and Economics, 2020) | Value-relevance of the regulatory Non-GAAP Adjustments in the Korean banking industry(Asian Pacific Journal of Accounting and Economics, 2018) | Financing preferences: evidence from the Korean market(Applied Economics, 2017) | 사회연결망분석(SNA)에 근거한 삼성물산-제일모직 합병 후 지배주주의 중요도 변화(경영학연구, 2020) 등

제11판 K-IFRS 재무회계 해답

2009년 8월 29일 제 1 판 1쇄 발행
2020년 2월 25일 제11판 1쇄 발행
2024년 1월 25일 제11판 5쇄 발행

저 자 윤순석·송인만·김효진
발 행 인 권 영 섭
발 행 처 (주)신 영 사

경기도 파주시 심학산로 12(출판문화단지)
등 록 : 1988. 5. 2 / 제406-1988-000020호
전 화 : 031-946-2894(代)
F A X : 031-946-0799
e-mail : sys28945@naver.com
홈페이지 : http://www.shinyoungsa.co.kr

정가 6,

ISBN 978-89-5501-722-9